Erika Casparek-Türkkan

Teddybären

Erika Casparek-Türkkan

Teddybären

Vom Kuscheltier zum begehrten Sammlerobjekt

Die Entstehungsgeschichte des Teddybären von den Anfängen bis heute

WILHELM HEYNE VERLAG
MÜNCHEN

REDAKTIONSLEITUNG: ROSWITHA HEYNE

Bearbeitung: Angelika Schlenk, Renate Schilling
Umschlaggestaltung: Atelier Adolf Bachmann, Reischach

(Aktualisierte Hardcover-Ausgabe der bisher unter der
Nr. 08/9305 erschienenen Taschenbuch-Ausgabe)

Printed in Germany 1998
Umschlagfotos: Ivan Steiger, München; Christel Rosenfeld, Hamburg;
Margarete Steiff GmbH, Giengen
Layout/Herstellung: Andrea Cobré
Druck und Bindung: Westermann Druck, Zwickau

ISBN 3-453-13863-5

Inhalt

Vorwort

Teddys sammeln – das ist eigentlich ein Absurdum in sich selbst. Bei Briefmarken, Bildern oder Bierdeckeln läßt sich solch Eifer noch verstehen, aber bei Bären? Reicht da nicht ein einziges Exemplar aus fürs ganze Leben, wie die Werbung suggeriert? Liebe, Treue und Verständnis besitzen doch alle, sie gehören zu ihren Grundtugenden. Sicher kommt es vor, daß durch einen unglücklichen Zufall der Teddy und sein Besitzer voneinander getrennt werden, wie beim Untergang der ›Titanic‹, den ein sanfter Pfotengänger allein überlebte, der in einem englischen Museum Zuflucht fand. Häufig trennt sich leichtsinnig ein Heranwachsender von dem Freund

Einer der ersten Bären aus dem Stammhaus der deutschen Teddys, der Filzspielwarenfabrik der Margarete Steiff in Giengen an der Brenz. Er wurde nach seinem Schöpfer Richard Steiff benannt.

Alt, ein bißchen zerdrückt – bei antiken Bären erhöht das noch den Charme und bei vielen den Wunsch, sie zu besitzen.

seiner Kindertage, doch Ersatz dafür findet sich später allemal.

Warum aber müssen es gleich so viele Teddys sein, zweihundert, dreihundert oder mehr als vierhundert Stück, mit denen nicht wenige Sammler in aller Welt Haus und Betten teilen? Vielleicht, weil Sammeln immer auch ein Begriff für Menge ist und es inzwischen so viele tolle Bärentypen gibt; Persönlichkeiten, die man immer um sich haben möchte. Und ihre Schar nimmt weiter zu. Abgesehen von den begehrtesten Sammelobjekten, den echten alten Teddys, rückten viele neue nach, aus Fabriken, aus Künstlerateliers und den winzigen Werkstätten der Bärenmacher. Lernt man eine ihrer Schöpfungen kennen, möchte man am liebsten alle besitzen. Einzelbären sind im Gegensatz zu Einzelkindern höchst selten, und was schließlich bei dieser Freundschaft herauskommt, sprengt den Rahmen jeder sizilianischen Großfamilie. Damit glückliche Bären-Verbindungen zustande kommen, wurde dieses Buch gemacht. So umfangreich wie möglich informiert es über alle Bereiche der Arctophilie (Bärenliebhaberei) und hilft, Kontakte zu knüpfen.

Es versucht auch, Sachkunde zu vermitteln und die Bereiche der bärigen Randgebiete zu erfassen. Nur eines findet der Teddyliebhaber und angehende Sammler hier nicht: Preise von alten, neuen und Replikat-Bären, weil sich die einen sowieso ständig ändern, sich die anderen in Geschäften erfragen lassen (wobei die freie Marktwirtschaft auch hier zu Schwankungen führt) und weil bei den Neuauflagen die Nachfrage die Preise diktiert. Übrigens gibt es für die begehrten Plüschveteranen inzwischen Preisführer, die jedoch oft mit ihrem Erscheinen bereits überholt sind. Erfahrungsgemäß fährt der beim Kauf am besten, der erst einmal die Teddywelt studiert, um überhaupt Vergleiche anstellen zu können. Außerdem haben die Knuddelpetze bei ihrem Erwerb noch selbst ein Wort mitzureden, und ihrer Suggestivkraft sollte man vertrauen.

Jeder Mensch ist arctophil

Jahrzehntelang waren die Teddybären in erster Linie ein oft heißgeliebtes, sonst aber ganz normales Spielzeug; nicht weniger, aber bestimmt auch nicht mehr. Ihr Schicksal glich dem eines jeden Gebrauchsgegenstandes: Sie wurden neu gekauft, meist stark benutzt und strapaziert. Hatten sie dann ihren Zweck erfüllt oder waren gar unansehnlich geworden, wurden sie ausrangiert. Endstation blieb dann, so sich kein Müllmann ihrer erbarmte, die Deponie. Aus diesem die Konjunktur in Gang haltenden Kreislauf auszubrechen gelang nur wenigen Privilegierten.

Denn nicht alle Besitzer mochten sich vom Freund und Behüter ihrer Kindheit trennen, als schon andere Interessen ihren Alltag beanspruchten. Und auch fürsorgliche Mütter mögen aus sentimentalen Gründen oder im Blick auf die zahlreiche Verwandtschaft manchen dieser

Der Teddy wacht über unseren Schlaf. Wir tränken sein Fell mit unseren Tränen. Er ist unser treuester Freund oft fürs ganze Leben.

Kolorierte Fotografie, wie sie 1907, als der Teddy den ersten großen Boom erlebte, als Postkarte begehrt war. Die schwarzen Knopfaugen, der treue Gesichtsausdruck machen die Begeisterung der unbekannten Verehrerin nur zu begreiflich.

strapazierfähigen Gesellen vor einem schnöden Ende bewahrt haben. Auf dem Dachboden oder im hintersten Winkel eines Schrankes fanden sie Asyl. Wurden sie schließlich, häufig erst nach Jahren, wiederentdeckt, weckten sie nicht nur romantisch verklärte Erinnerungen an die erste Lebensphase. Viele Finder entdeckten bei dieser Gelegenheit auch ein Stück eigener Identität. Wenn sich dann die früher verspürte innige Verbundenheit mit dem Teddy sofort wieder einstellte, sollte dieses Gefühl nicht als Sehnsucht nach oder Flucht in die heile Welt jugendlicher Unbekümmertheit mißdeutet werden. Wie sonst eventuell noch zu einer Puppe, hat dieses ganz besondere Verhältnis zwischen dem Menschen und seinem Teddy die Wurzeln im Emotionalen. Sie lassen sich also verstandesmäßig alleine nicht erklären. Deshalb erntet höchstens ein verstehendes Schmunzeln jener Autofahrer, an dessen Rückspiegel ein angeknutschtes Bärchen baumelt; und Akzeptanz genießt ebenso der

Wanderer, dessen Rucksack ein bäriger Talisman ziert, den man sich sogar noch im Partner-Look vorstellen kann.

Ein Teddy ist alterslos, geduldig und gutmütig, verschwiegen und stets der ideale Träger all unserer Vorstellungen und Wünsche. Das kuschelige Fell, der treue Blick und eine Physiognomie, die niemanden belehren will, aber alles zu verstehen scheint, dazu ein etwas gedrungener Körper, dessen tapsige Haltung Liebeserwartung signalisiert, um gleichzeitig mit den langen Armen aber auch die Rolle eines Beschützers zu vermitteln, das alles und noch mehr steckt in einem Teddy. So haben es im nachhinein Wissenschaftler herausgefunden, die dieses Phänomen zu ergründen suchten. Am einleuchtendsten bleibt allerdings eine ohne Gelehrtenweisheit auskommende Erklärung: Die Erfinder dieses Plüschspielzeugs erlebten einfach eine jener seltenen Sternstunden, daß ihnen schon mit seinen Prototypen und auf zwei Kontinenten gleichzeitig ein genialer Entwurf gelang, der nicht mehr verbessert, höchstens modisch verändert werden konnte. Wegen seiner Vollkommenheit wurde er dann auch in die Hitliste der sechzig ›schönen Dinge des Lebens‹ aufgenommen, wo er neben dem Mont-Blanc-Füllhalter No. 149 und dem Steinway-Flügel sowie anderen edlen Sachen seinen Platz behauptet.

Bei all solchen Voraussetzungen war es eigentlich nur eine Frage der Zeit, wann über den einzelnen Kindheitsbären hinaus der Sammeltrieb erwachen und zum Zusammentragen weiterer Exponate animieren würde. Ganz vereinzelt war das schon relativ früh und vorerst noch außerhalb jeden öffentlichen Interesses. In den späten 60er oder frühen 70er Jahren muß es dann gewesen sein, als eine amerikanische Sammlerin (oder war es ein geschäftstüchtiger Landsmann von ihr?) ihre Teddy-Leidenschaft zur ›Arctophilie‹ (griechisch: Arcto = der Bär, Philie = lieben) veredelte. Als wäre damit ein Bann gebrochen: Bären-Sammeln wurde zur Massenbewegung. Und wie jede andere Welle schwappte auch diese über den großen Teich und erreichte mit der üblichen Verspätung Europa.

Heute findet jeder Teddy seinen Sammler, er kann alt sein oder neu, Massenprodukt oder Einzelanfertigung.

Und rund um diese plüschige Persönlichkeit gibt es von Büchern über Postkarten bis zu Kindergeschirr tausenderlei zum Sammeln animierende Sachen. Diese Fülle erlaubt unterschiedliche Schwerpunkte für eine Kollektion. Sie müssen jedoch nicht am Anfang eines Sammlerlebens stehen. Impulsivität ist meistens ein ebenso wichtiger Ratgeber. Spontanerwerbungen, die den Geldbeutel nicht so stark belasten und zustande kommen, weil einem auf Märkten oder Börsen ein ganz bestimmter Bär plötzlich zuzublinzeln scheint. Liebe auf den ersten Blick und Sympathie lösen hier den Kaufentscheid aus, und völlig unwichtig wird die Frage, ob ihn ein Knopf im Ohr als Prestige-Marke ausweist. Solches Sammeln nach

Bärenliebe: zwei, die sich verstehen. Immer mehr Erwachsene bekennen sich zu dem Gefährten ihrer Kindheit und mausern sich zu Sammlern.

Gefühl wird sich weniger in Ruhm oder Geldwert auszahlen, sich aber durch eine besonders innige Beziehung zu jedem einzelnen Stück für den Besitzer beglückend erweisen.

Zu welchem Zeitpunkt oder ob überhaupt ein System in diese Kollektion gebracht werden soll, diese Frage kann also jeder Sammler getrost vor sich herschieben. Einem Systematiker wird sie sich wahrscheinlich schon bald stellen, anderen genügt dann immer noch der Spaß und die Freude an den Sachen. Hier soll sich niemand nach irgendwelchen Vorbildern richten, sich keinen Zwängen unterwerfen müssen. Denn so individuell wie die Plüschbären sind auch die Motive der Sammler. Und im Gegensatz zu manch anderem Sammelgebiet bleibt die Beziehung zum Meister Petz eine subtile, irgendwie zwischenmenschliche Angelegenheit. Und da ist sowieso alles erlaubt, was gefällt.

Unsere bärigen Freunde und Gefühle sollten wir uns auch dann nicht mies machen lassen, wenn Meister Petz gelegentlich zwischen alle Stühle rutscht oder gar als Geisel verschleppt wird. Dem Teddy ›Sooty‹ soll es Zeitungsberichten zufolge vor einiger Zeit so ergangen sein, als in England Eileen Denford sich von Ehemann Davis scheiden lassen wollte und den Bären als Faustpfand mitnahm. »Den kriegt er erst wieder, wenn eine faire Scheidung gelaufen ist«, soll sie geäußert haben. Da über den Ausgang dieses Familiendramas später nichts mehr bekannt wurde, scheint es friedlich ausgegangen zu sein. Und Sooty wird längst wieder einen Ehrenplatz gefunden haben.

Prominente Teddy-Freunde 

In das Poesie-Album der Teddybären haben sich viele Prominente eingetragen. Zu einem wahren Enthusiasten entwickelte sich der britische Schauspieler Peter Bull, der nicht nur zu einem Promotor der Sammelbewegung wurde, sondern auch zahlreiche Artikel und Bücher über seine Plüschfreunde schrieb.

Donald Campbell britischer Rennfahrer, setzte sich nur in das Cockpit seines Wagens, wenn auch sein Teddy Mister Woppit mitkam. Als er einmal verunglückte, gab er im Krankenhaus erst Ruhe, als die Polizei den Talisman aus dem zertrümmerten Wagen herausgeholt und ihm ans Bett gebracht hatte.

Christopher Lambert Filmschauspieler aus Frankreich, zählt 130 Schmusebären zu seiner Sammlung. »Ich liebe sie, weil sie mir all das sagen, was ich gerne höre.«

Kay Cottee Bootsbauerin aus Sydney, segelte 1988 als erste Frau alleine um die Welt. Die Australierin schaffte die 25 000 Seemeilen in 189 Tagen; ihre einzigen Begleiter waren ein modernes Funksprechgerät und ein Teddybär.

Stefan Zauner Kein Wunder, daß er bei der Pop-Gruppe Münchner Freiheit »die Schmusesongs schnurrt« (Presse-Zitat), ist er doch ein ausgesprochener Teddy-Fan.

Ralph Siegel Komponist, und **Bernd Meinunger**, Texter sowie Bärensammler (400 Exemplare), schrieben den Song ›Frieden für die Teddybär'n‹, der es beim europäischen Grand Prix in Brüssel vor wenigen Jahren immerhin auf den zweiten Platz brachte.

Paul McCartney Ex-Beatle, ist ebenfalls bekannt für seine große Liebe zu Teddybären.

Lou Diccidue vom Dade Country Department in Miami hat über 5000 Teddybären dienstverpflichtet. Jeweils zu zweit sollen sie die Mannschaften der Streifenwagen verstärken. »Wenn ein Kind uns in einer negativen Situation wie zum Beispiel bei einem Unfall erlebt, wird es immer ängstlich sein und Mißtrauen haben«, heißt es. Und da könnten die Plüschtiere helfen, Ängste vor den Polizeibeamten abzubauen.

Geschichte des Teddybären: Geboren auf zwei Kontinenten

Würden große Ereignisse tatsächlich immer die sprichwörtlichen Schatten vorauswerfen, müßte der Teddybär bis heute kaum beachtet im Schmollwinkel des Kinderzimmers sitzen. Denn er kam völlig überraschend und dazu gleichzeitig auf zwei Kontinenten in unsere Welt, war eines Tages ganz einfach da und eroberte im Sturm die Herzen der Kinder und Erwachsenen. Wie konnte die menschliche Gesellschaft vor 1903 nur ohne ihn auskommen, wie ein Kind ohne dieses Schmusetier, das es noch kuschelig im Bett in die Welt der Träume führte?

Theodore Roosevelt, Präsident der Vereinigten Staaten von Amerika, gilt in Teddy-Kreisen als Pate der Bären. Durch ihn ging es in den USA ab 1903 mit den Plüschfreunden los.

Der Erfolg dieses treuen Plüschkameraden hat, wie viele Dinge im Leben, gleich mehrere Geschichten.

Die am häufigsten zitierte Version beginnt bei einem Jagdausflug. Theodore Roosevelt, der 26. Präsident der Vereinigten Staaten von Amerika, hielt sich am 14. November 1902 zur Schlichtung eines Grenzkonflikts zwischen den Staaten Mississippi und Louisiana im Süden der USA auf. Seine Jagdleidenschaft war bekannt, und so wurde für ihn ein Ausflug organisiert. Doch wie es scheint, war schon damals der Grislybär, der amerikanische Verwandte unseres Braunbären, stark dezimiert. Die Treiber entdeckten nur ein Junges, das sie dem Präsidenten vor die Flinte manövrierten. Sie banden es an einen Baum und riefen: »Mr. President, ein Bär, ein Bär!« Doch dieses gefesselte, verängstigte Wesen zu erschießen erschien dem prominenten Gast gar zu unsportlich. »Wenn ich dieses kleine Tier töten würde«, soll er gesagt haben, »könnte ich meinen Kindern nie wieder in die Augen sehen.«

Edel gedacht und gehandelt – doch dem Bärchen nützte das wenig. Nach dem Ab-

Richard Steiff (1877–1939), Neffe von Margarete Steiff und kreativer Geist des Unternehmens. Er entwarf und schuf die deutschen Petze und gilt als ihr Vater.

bruch der Jagd wurde es von einem Jäger mit dem Messer erledigt. Doch floß des armen Grislys Blut nicht vergebens – denn die Geschichte ging weiter, bis quasi aus seinem Geiste ein neues Wesen, ein Double aus Plüsch entstand und sich rasend schnell vermehrte.

Doch soll die Geschichte der Reihe nach erzählt werden. Im Gefolge des Präsidenten befand sich nicht nur ein Rudel Journalisten, sondern auch Clifford Berryman (1869–1949), Zeichner bei der Washington Post, der vielleicht als Schöpfer, zumindest als Ideenlieferant für den Teddy angesehen werden kann. Er karikierte das Ereignis mit dem Untertitel ›Grenzziehung am Mississippi‹, der als politische Anspielung zu verstehen war. Die Leser des geschätzten Blattes sahen beim Morgenkaffee einen Präsidenten in abweisender Haltung mit einem rührend anzusehenden Bären, dem Prototyp des ersten amerikanischen Teddys.

Zu der Leserschaft zählte auch das Ehepaar Morris und Rose Michtom, eingewandert aus Rußland, das in Brooklyn ein Schreibwaren- und Neuheitengeschäft betrieb. Frau Rose ließ sich von der drolligen Bärenkarikatur inspirieren und fertigte ein Abbild in Plüsch. In Anlehnung an Roosevelt, der von seinen Freunden Ted oder Teddy genannt wurde, setzte sie ihre Kreation mit einem Schild, auf dem ›Teddy's Bär‹ stand, ins Schaufenster. Sie fand schnell einen Liebhaber. Andere Bären folgten und gingen weg wie warme Semmeln. In einem Brief, begleitet von einem Musterexemplar, baten die Michtoms Roosevelt um Erlaubnis, den Namen Teddy verwenden zu dürfen. Mr. President hatte nichts dagegen, und so stand dem Siegeszug des Teddybären nichts mehr im Wege.

Wie aus Petz ›Teddy‹ wurde

Etwa zur gleichen Zeit wurde auch in Giengen an der Brenz, einem verträumten Städtchen am Rande der Schwäbischen Alb, Teddybärengeschichte gemacht. Genaugenommen ging es da noch nicht um den Teddy, sondern schlicht um den deutschen Bären, der allenfalls Petz genannt wurde. In der Filzspielwarenfabrik der Margarete Steiff kam deren Neffe Richard, Absolvent der Kunstgewerbeschule in Stuttgart, auf die Idee, neue Plüschtiere zu entwerfen. Einen Tanzbären und einen auf vier Füßen stehenden Bären gab es bereits, sie wurden jedoch wenig beachtet. Richard Steiff hatte bei der Neuschöpfung sicher auch die Erfolge der Thüringer Puppenmacher rund um die Stadt Sonneberg im Auge gehabt, die schon seit längerem gute Geschäfte mit Übersee machten und laufend Puppen für den amerikanischen, aber auch englischen und französischen Markt produzierten. Seine Überlegung: Was läßt sich einer Pup-

Zwei Teddy-Veteranen aus den Jahren 1904 und 1905/1906, ›Kostbarkeiten‹ aus der Sammlung Steiff, Bären, die alle Merkmale der Ur-Petze besitzen: den eckigen Kopf, die spitze Schnauze, lange Arme und stämmige Beine mit großen Füßen.

pe als Alternative entgegensetzen? Etwas, das aufrecht stehen und sich setzen kann wie ein Mensch und bewegliche Glieder besitzt. So kam er auf den Bären. Richard Steiff beobachtete die Braunbären im Stuttgarter Zoo und in Hagenbecks Tierschau. Was dabei herauskam, war der erste bewegliche Spiel-Bär im Jahre 1902. Er wurde 1903 auf der Leipziger Frühjahrsmesse vorgestellt, doch verliebte sich auf Anhieb niemand in ihn. Berichten zufolge muß dieser Petz im Vergleich zu den folgenden Generationen wie ein Neandertaler gegenüber dem heutigen Menschen gewirkt haben, stämmig, plump, jedoch schon mit einem Anflug von drolligem, einnehmendem Charme. Kurz vor Messeschluß, als bereits die Kisten wieder gepackt wurden, kam Hermann Berg zum Stand der Steiffs. Er war Beauftragter des großen amerikanischen Einkaufshauses Borgfeldt & Co. aus New York. Nach anfänglichem Zögern bestellte er 3000 Stück. Damit begann auch die Karriere des deutschen Plüschbären.

Nach dem Blitzstart des Schmusebären in der Neuen Welt bemühte sich auch England, die Vaterschaft nachzuweisen. Schließlich sei der englische Prinzregent Edward VII. (1841–1910), Spitzname Teddy, schon immer ein Bärenliebhaber gewesen. Die Russen, bei denen Mischka der Bär seit undenklichen Zeiten durch Märchen und Legenden spukt, meldeten sich ebenfalls als die eigentlichen Urheber. Das seit Generationen verwendete Kinderspielzeug mit Bären aus Holz, die Leitern hochgehen, an Honigtöpfen schlecken oder auf Brettchen wippen, sei dafür Beweis genug. 1898 – das war bekannt – hatte Zar Nikolaus II. aus Pelz gefertigte Mischkas an prominente Diplomaten verschenkt.

Das in der Menschheitsgeschichte häufig zu beobachtende Phänomen, daß zu gleicher Zeit, an völlig verschiedenen Orten, völlig unabhängig voneinander die gleiche Erfindung oder Entdeckung gemacht wird, trifft vielleicht auch auf den Teddybären zu. Das zeigt um so mehr, wie dringend er gebraucht wurde.

Weder um ein anderes Plüschtier noch um eine Puppe ranken sich so viele Historchen wie um den Teddybären. Den bereits genannten Entstehungsversionen gesellten sich weitere hinzu. Heute sind sie feste Bestandteile der fast neunzigjährigen Teddybären-Historie. Wie auch die Überlieferung, daß die aus Deutschland importierten ersten Stoffbären per Zufall in die Hände eines Dekorateurs aus dem Weißen Haus fielen. Er suchte nach einer Idee, die Hochzeitstafel der Tochter Roosevelts originell auszustatten. Als Jäger und Angler verkleidet, bevölkerten schließlich die Giengener Einwanderer die Szene wirkungsvoll, was beweist, daß bereits in der Frühgeschichte des Plüschtieres das Outfit, die abwechslungsreiche Garderobe, eine wichtige Rolle spielte. »Hier ist eine neue Bärenrasse, der Teddy-Bär«, soll einer der Gäste gerufen haben, was die Presse erneut dankbar aufgriff. Der Name Teddybär – von nun an wurde er zum festen Begriff dieser Spezies aus Plüsch, der eine herausragende Rolle bestimmt war.

Der Bärenboom setzt ein

Alice Roosevelt soll viele Jahre später dem englischen Schauspieler und Teddybärenfreund Peter Bull (dem breiten Filmpublikum – jedoch ohne Teddybär – als preußischer Marinekapitän aus ›African Queen‹ bekannt) verraten haben, daß sie Plüschbären überhaupt nicht möge und sich solche auch nicht auf ihrem Hochzeitsdinner befunden hätten. Auf ähnlich tönernen Füßen steht die Michtom-Story. Für ihre bärige Korrespondenz mit dem Präsidenten konnten sie auch keinen Beweis schwarz auf weiß liefern, und in den Annalen des Weißen Hauses ließ sich nichts dergleichen nachweisen. Doch wahr oder erfunden – wen interessiert das jetzt noch? Die Popularität des Teddys spricht für sich selbst. Was braucht es da noch Dokumente!

Wer übrigens nach einem der ersten 3000 ausgewanderten Steiff-Bären sucht, wird mehr als nur kriminalistisches Gespür benötigen. Selbst dem Urheber, der Firma Margarete Steiff, blieb keiner mehr erhalten. Wie es in ihrer Geschichte heißt, ließ sich nie wieder ein Bär mit der Fabrikationsbezeichnung ›Bär 55 PB‹, was soviel heißt wie 55 Zentimeter Sitzhöhe, Plüsch, beweglich, aufspüren. Schemenhaft zeigt Teddy I. seine stämmigen Umrisse auf einem erhaltenen Katalogfoto. Richard Steiff arbeitete ständig an der Verbesserung seiner Bären, von denen noch im gleichen Jahr weitere 9000 den ersten ›Pionieren‹ über den großen Teich folgten. Die Evolution, die künstlerische Weiterentwicklung dieses Plüschtieres, führte schon bald zu dem Teddybild, das bis heute trotz zahlreicher Schönheitskorrekturen das Ideal geblieben ist.

In Amerika brach ein kaum vorstellbarer Bärenboom aus. Clifford Berryman selbst hatte mitgeholfen, ihn weiter anzuheizen, indem er fortan alle Karikaturen um Roosevelt mit einem kleinen Bären versah. Nicht nur die Kinder eroberte der Teddy im Sturm, sondern auch die Erwachsenen, die ohne seine Gesellschaft nicht mehr auszukommen schienen. Sich von Plüschbären auf dem Einkaufsbummel am Broadway oder in ein Restaurant, beim Autoausflug aufs Land begleiten zu lassen, galt als absolut schick. Teddybärchen als Kühlerfiguren wurden unverzichtbar. Schauspielerinnen mochten ohne ihr pelziges Maskottchen nicht mehr auftreten. Die Bären der

Schon zu Beginn unseres Jahrhunderts wurde bei Steiff in hellen, modernen Produktionsstätten gearbeitet. Die meisten Filz- und Plüschtiere gingen nach Amerika.

Früher kleiner Steiff-Teddy mit charaktervollem Profil, der abgewetzten langen Schnauze, oft geflickt, doch noch immer sehr geliebt.

besseren Gesellschaft erhielten Anzüge und Kleider für alle Gelegenheiten. Man behängte sie mit Schmuck und modischen Accessoires. Michtom schwamm mit auf dieser Erfolgswelle und hatte sich mit dem Spielwarenhändler Butler Brothers zusammengetan. Aus dieser Verbindung ging die Ideal Toy Corporation of America hervor.

Von der ständig steigenden Nachfrage ließen sich in den USA und in Deutschland jetzt auch andere Spielwarenhersteller dazu animieren, mit ins Teddybärengeschäft einzusteigen. Vor allem die Gebiete rund um die Spielzeugstädte Sonneberg, Nürnberg und Neustadt entwickelten sich schnell zu Teddybärenhochburgen. Im schwäbischen Giengen verließen 1907 bereits 974 000 Bären die Produktionsstätte des Steiffschen Imperiums. Die Zeit zwischen 1903 und 1907 ging als die glorreichen ›Bärenjahre‹ in die Geschichte dieser Plüschtierfabrik ein. 1907 hatte sich der Name Teddybär schon soweit in den allgemeinen Sprachgebrauch integriert, daß er in einschlägigen Lexika erschien. 1907 war ein Jahr, das die

Teddybärenentwicklung für kurze Zeit stoppte. Eine schwere Wirtschaftskrise in den USA ließ den Import schrumpfen, der erst 1909 wieder Auftrieb erhielt und bis zum Ersten Weltkrieg viele neue Bären in die Welt entließ.

Der Teddybär von Kopf bis Fuß

Die Faszination, die von den ersten Bären ausging, läßt sich, einmal nüchtern betrachtet, schwer begreifen. Wer den Blick von den schwarzen Stiefelknopfaugen eines echten alten Bären abwendet und von Kopf bis Fuß kritisch den ganzen Kerl betrachtet, registriert einen ovalen, gerundeten, doch eher schlanken Körper. Überlang baumeln die Arme von seinen Seiten mit den leicht im Bogen abstehenden filzbesetzten schmalen Tatzen bis zum ersten Drittel der kräftigen Oberschenkel. Diese Gliedmaßen, die beim sitzenden Bären bis zu den Fußspitzen reichen, wirken unnatürlich, fast absurd, sind jedoch zum Liebhalten wie geschaffen und auch zum Anfassen gedacht. Wer Halt sucht an diesem Freund, für den ist die Plüschpfote immer griffbereit. Die großen, weit vorstehenden Füße zeigen noch die Anzeichen des Raubtieres, gestickte Krallen. Und der kleine Buckel, der mehr oder weniger ausgeprägt den alten Bären ziert, erinnert ebenfalls an das lebendige Vorbild. Nun zum Kopf, der mit seinen seitlich angesetzten Ohren eher kantig wirkt. Die Nase besitzt noch charaktervolle Länge mit einer aus schwarzem Garn gestickten oder aus Siegellack versehenen Spitze. Das gestickte Maul ist heute bei vielen ehrwürdigen Veteranen nicht mehr vorhanden – Küssen nutzt ab, zumindest bei Plüschtieren. Der Gesichtsausdruck ist alles andere als fröhlich, eher ernst mit sorgenvollem Anflug, doch dabei zuverlässig und treu – eben ein echtes Teddybärengesicht.

Der Erfolg des ersten Mohairbären erklärt sich auch aus seiner Beweglichkeit. Seine Glieder ließen sich in alle Richtungen drehen, dank der eingearbeiteten festen Pappscheiben, die auf einer quer durch den Körper verlaufenden Achse saßen. Um die Echtheit eines antiken

Spielgefährten festzustellen, wurden von manchen Exemplaren heute Röntgenaufnahmen gemacht, die Teddys ›Skelett‹ – die Drahtachsen und Scheiben – sichtbar machten. Beim Steiffschen Urbären (Bär 55 PB) hatte noch ein fester Faden die Verbindung zwischen Armen, Beinen und Rumpf hergestellt. Die Beweglichkeit machte den Teddybären zum idealen Spielgefährten und der Puppe überlegen. Bären waren robuste Gesellen und nicht so zimperlich wie Puppen mit Porzellanköpfen, kunstvollen Frisuren und zarten Rüschenkleidchen. Die Mädchen weniger betuchter Eltern durften sie höchstens am Sonntag für ein paar Stunden zum Spielen aus der Vitrine nehmen. Puppen waren teuer und kostbar, außerdem nur etwas für Mädchen und fühlten sich immer ein bißchen kalt an. Mit dem Teddybären aus wolligem Mohair, gestopft mit Holzwolle und Kapok, hatten alle Kinder ein Geschöpf zum Liebhaben, das sich nicht nur knuddeln und schmusen, sondern auch an- und ausziehen ließ; sogar von Jungen, was keinesfalls als unmännlich angesehen wurde. Er ließ alles mit sich machen und nahm es nicht krumm, in die Ecke geschmissen zu werden. Der Teddybär blieb ein unerschütterlicher Freund, wie sich zeigte, oft für das ganze Leben. Häufig mußte der ewig Geknuddelte (Fachausdruck: stark abgespielt) so manche Notoperation über sich ergehen lassen. Deshalb ist es heute oft schwierig, Herstellungsjahr und Produzenten genau zu bestimmen. Zusätzlich erschwert wird es, weil sich damals für jedes erfolgreiche Modell sofort zahlreiche Nachahmer fanden und alle auch die gleichen Materialien (manchmal vom gleichen Hersteller) verwendeten. Diese Unübersichtlichkeit dauerte noch etliche Jahre. Nicht selten zogen die großen Einkäufer mit einem Steiff-Bären im Musterkoffer von Giengen an den Rand des Thüringer Waldes. In den Häusern der Puppenstopfer ließen sich zu einem weitaus niedrigeren Preis Imitationen anfertigen, die sich zu Tausenden in Amerika absetzen ließen. Die Firma Steiff versuchte durch ihr Markenzeichen, den Knopf im Ohr, ihre Erzeugnisse unverwechselbar zu kennzeichnen. Doch auch diese Methode fand Nachahmer, die erst nach langwierigen Prozessen die irreführenden Blechknöpfchen zurückziehen mußten. So versahen die meisten Teddy-

Drei mehr oder weniger abgeliebte Bärenfreunde unbekannter Herkunft und unbestimmten Alters, die sich zufällig auf einer Auktion trafen. Der Ständer im Vordergrund ist als ›Stehhilfe‹ für Teddy-Sammlungen gefragt.

bärenhersteller ihre Erzeugnisse weiter mit kleinen Pappmarketten, die – wie sich vorstellen läßt – schnell beim Spielen und Schmusen abhanden kamen.

Konkurrenz für die deutschen Plüschpetze fand sich auch in Amerika selbst, wo die Spielwarenfabrik Ideal Novelty Company 1908 in Anzeigen verlauten ließ, daß Kopien deutscher Bären in den USA zum halben Preis erstanden werden könnten. Der Plüsch dafür stammte übrigens aus Old Germany.

Wie sich die Puppenmacher der Teddys annahmen

Zu der Geschichte der Teddybären gehört auch die der Puppenstopfer aus den Spielzeugorten Sonneberg am Rande des Thüringer Waldes, dem coburgischen Neustadt und dem Dorf Wildenheid, das heute ein Vorort von Neustadt ist. Herstellung und Handel von allerlei Kindersachen aus Holz waren in dieser waldreichen Gegend mit kargem Boden, einer nicht gerade gesegneten Region, schon seit dem 16./17. Jahrhundert zu Hause. Doch entstanden vor allem Puppen – zuerst aus Holz – in den Häusern der Tagelöhnerfamilien. In diesem Gebiet, wo sich die Handelswege zwischen Orient und Okzident, Süden

Im Zentrum der deutschen Spielzeugmacher, im Bereich Sonneberg und Neustadt, lebten ganze Ortschaften von der Teddyproduktion. Die verschiedenen Arbeiten waren aufgeteilt. Hier näht Oma Stöbingen einzelne Teddy-Teile.

Früher mußten in die Bälge von Puppen und in die Plüschhüllen von Teddys Kapok und Holzwolle mit Trichter und Stopfholz mühsam hineingestopft werden. Das wurde meist in Heimarbeit für einen Pfenniglohn gemacht.

und Norden kreuzten, wo in der Nachbarschaft Messestädte wie Nürnberg und Leipzig Händler anlockten, ließ sich das Spielzeug immer besser vermarkten. Warenhäuser aus aller Welt gründeten Handelsniederlassungen, wie Borgfeldt, Butler Brothers, Woolworth und Kressge in Sonneberg. Sie orderten das inzwischen in aller Welt beliebte Spielzeug ›made in Germany‹. Wer von diesem Glanz allerdings das wenigste abbekam, waren die Hersteller, die Häusler, die in Heimarbeit im Akkord für einen Hungerlohn schufteten. Alljährlich im Herbst, wenn die Herren aus Amerika, England und Frankreich mit ihren Bestellungen anreisten, entschied sich, ob das kommende Jahr ein Sattmacher- oder ein Hungerjahr wurde.

Die Familien arbeiteten für Pfennige in engen stickigen Räumen. Kinderarbeit war an der Tagesordnung. Den Schnitt machten die Auftraggeber und Zwischenhändler. Deutsches Spielzeug galt allgemein nicht nur als wertvoll, sondern auch als preiswert. Unter dem Druck einer ständig wachsenden Konkurrenz wurden die Arbeitslöhne immer schmäler. Wirtschaftskrisen und

Kriege zeigten katastrophale Auswirkungen. Um den gestiegenen Arbeitsanforderungen bei guter Auftragslage zu genügen, artete der Herstellungsprozeß in den Familien in eine rein mechanische Arbeitseinteilung aus: eine nähte nur Puppen- und Plüschtierbälge, die andere war für das Ausstopfen verantwortlich, wieder eine andere setzte das Spielzeug zusammen. Dieses Einerlei hatte aber auch eine kaum vorstellbare Geschicklichkeit und Perfektion zur Folge, die sich aus der ewig gleichen Wiederholung der Handgriffe, einer Art Dressur, ergab. Später wurde sie nur noch von ausgeklügelten Maschinen übertroffen. Die Puppenstopfer bildeten eine eigene Zunft, die Stoff- und Lederbälge mit Holzwolle, Sägemehl, Reißwolle oder Kapok – einer Naturfaser, die der Kapokbaum lieferte – füllten. Als der Bärenboom einsetzte, kamen bei ihnen auch Teddys in die Wohnstuben, die zugleich Werkstätten waren. Die Frauen und Männer der Familien schnitten die Mohairteile für die Plüschkameraden nach den gelieferten Schnittmustern oder Kopien zu, nähten sie linksseitig zusammen. Es war Aufgabe der Kinder, mit ihren geschickten kleinen Fingern die Teile zu wenden. Wie knifflig diese Arbeit gewesen sein muß, läßt sich anhand der Kleinstbären, die nur 10 Zentimeter messen, vielleicht am besten ersehen. Besonders an-

Teddy im Akkord, 1947 ging es wieder aufwärts mit der Bärenproduktion, auch in Sonneberg. Eine Heimarbeiterin setzt die Scheiben ein, die das Knuddeltier beweglich machen. Eine andere ist verantwortlich für schön gestickte Schnauzen.

strengend war auch das Stopfen des Tieres. Durch einen Blechtrichter wurde das Füllmaterial bis in die Spitzen der Tatzen und Schnauzen geführt und mit dem Stopfholz nachgeholfen. Von der Geschicklichkeit der Stopferin – diese Arbeit wurde auch von Frauen erledigt – hing nicht nur die Festigkeit, sondern auch die Formgebung ab. Bei dieser Arbeit erhielt jedoch jeder Teddybär seinen ganz speziellen Charakter. Daran hatte auch die ›Garniererin‹ ihren Anteil, die dem Teddy Gesicht verlieh, die Schnauze stickte und die Augen einnähte oder aufleimte. Schließlich versah sie das Bärentier noch mit Krallen.

Etwa um 1909–1910 entstanden in den Stopfereien Neustadts und Wildenheims in größerem Umfang nach Steiff-Teddys gefertigte Varianten. Bis zum Zweiten Weltkrieg existierten in dieser Region 21 Puppen- und Bärenstopfereien. Wer das Museum der Deutschen Spielwarenindustrie in Neustadt bei Coburg (Adresse siehe Seite 252) besucht, findet hier die getreu nachgeahmte Werkstatt einer Puppen- und Teddybären-Stopferfamilie und kann sich vorstellen, vor welch ärmlichem sozialen Hintergrund der knuddelige Herzensbrecher oft entstand.

In der Fabrik der Margarete Steiff in Giengen scheinen die Arbeitsverhältnisse etwas rosiger gewesen zu sein. Jedenfalls wurde hier bereits 1906 eine Arbeitsordnung erlassen, die Arbeitszeit, freie Tage und Entlohnung festlegte. 1907, dem Jahr, in dem fast eine Million Teddys das Werk verließen, beschäftigte die Firma 400 Arbeiter in der Fabrik und 1800 Heimarbeiterinnen. Bis kurz vor ihrem Tode im Jahre 1909 saß Margarete Steift im Rollstuhl hinter ihrer Nähmaschine inmitten ihrer Arbeiterinnen und Arbeiter in einem luftigen Fabrikraum, der aus der heutigen Zeit stammen könnte.

Teddy in der Charlestonzeit

Die ›Goldenen Zwanziger‹, die wilden Jahre mit Charleston und ungebändigter Lebenslust, bescherte auch dem Teddybären mehr modische Freiheit. Statt wie bisher in sanften Brauntönen, erschien er plötzlich mit einem Pelz in Rosa und Karmesinrot. Markanter war auch sein Blick

Nähstube von 1930 in Sonneberg. Um die Familie zu ernähren, arbeiteten alle mit, auch die Kinder, die im Wenden der Plüschteile besonders geschickt waren.

geworden. Denn schon um 1910 hatten die Bärenmacher die schwarzen Punkte der Schuhknöpfe gegen braune Glasaugen mit schwarzen Pupillen ausgetauscht, und jetzt kamen noch blaue Augen hinzu.

Überstanden war endlich die entbehrungsreiche Zeit des Ersten Weltkrieges, in der Mohair Mangelware war und Ersatzstoffe herhalten mußten, wie Militärdecken und Holzfasergewebe, die den Teddybären ungewöhnlich glatt oder struppig erscheinen ließen. Doch die Veteranen aus dieser Zeit erleben heute – falls einer von ihnen zufällig auftaucht – ein glänzendes Comeback, auf das so mancher Plüschverwandter glatt neidisch werden könnte. Das karge Habit macht sie zu etwas Außergewöhnlichem.

In den 20er Jahren konnten die pelzigen Lieblinge auch schon ein Wort mitreden, wenigstens auf viele Arten unüberhörbar brummen. Bei Steiff waren bereits 1907 die ersten Plüschtiere versuchsweise mit einer Druckstimme versehen worden, wie sie im Spielzeugrevier um Sonneberg schon lange gebräuchlich war. Diese älteste Art der Spielzeugstimme wird erzeugt durch das Drücken eines Balges, der im Innern des Teddybärenbauches untergebracht ist. Die ausströmende Luft erzeugt den Brummton. 1908 kamen automatische Brummstimmen auf den Markt. Hierbei brauchte der Teddy nur noch den Kopf zu neigen, und los ging's mit der Brummerei.

Als unermüdliche Schöpferin neuer Kollektionen überwachte Margarete Steiff bis kurz vor ihrem Tod, 1909, die Produktion. Im Hintergrund links sieht man sie im Rollstuhl sitzend.

Besonders extravagante Teddybären brachten die 20er Jahre in Frankreich hervor. Bis zum Ersten Weltkrieg hatte man hier Bärenwünsche noch aus deutschen Importen gestillt, doch mit dem Desaster von 1914/1918 bekam auch der eher völkerverbindende Teddy die Auswirkungen der Erbfeindschaft zu spüren. Die französische Spielwarenindustrie machte sich an die Produktion eigener Schmusetiere. Und um das Selbstbewußtsein des ersten französischen Teddybären zu stärken, den der Hersteller Thiennot 1919 vorstellte, wurde er beim Concours Lepine, einer jährlich in Paris veranstalteten Industrieausstellung, mit einer Bronzemedaille dekoriert. Später, vor allem in den 30er und 50er Jahren, zogen andere Fabrikanten wie Boulgom, Skine, Jouets de Luxe und Alfa nach.

Katalogblatt der Sonneberger Puppen- und Spielwarenfabrik H. Josef Leven, aus den 20er Jahren.

bles. Unbreakable stuffed Cloth-Toys. Juguetes de tela, infrangibles.
117/3/20assQ
117/3/23assQ
117/5/19assQ
119/15/21/assQ
119/15/23assQ
119/15/25assQ
119/13/14ass.
119/13/19assQ
119/13/23ass
124/40/16assQ
124/30/18
122/48/18
122/49/12
124/32/15
123/12/13ass
123/12/17assQ
123/12/21assQ
125/51/18assQ
119/11/23
124/20/21Q
124/20/24Q
124/20/28Q
12062/21Q
12062/28Q
152/5/22
152/3/21
152/6/17
152/4/23
146/14/20Q
161/6/29
146/12/14Q

Besonders wild gebärdete sich ein englischer Bär mit langen Schlenkerbeinen, eine modische Ausgeburt der Charlestonzeit. Doch gab er nur ein kurzes Intermezzo, und sein Schöpfer, die Plüschtierfabrik Chad Valley, besann sich erneut auf Tradition. Bär blieb eben Bär.

Allerdings mußte sich unser Freund einige Zugeständnisse an den Zeitgeschmack gefallen lassen. So beispielsweise einen Pelz in zartem Blau, in den ihn Steiff 1929 steckte. Und auch seine Miene veränderte sich. Der Bär lernte das Lachen. Mit großen Schelmenaugen und offenem Maul, in dem weiße Zähne blitzten, hob sich ein Bärentier vom inzwischen vielfältigen deutschen Angebot ab: der Peter-Bär der Puppenfabrik Gebrüder Süssenguth aus Neustadt (Foto Seite 123). Mit beweglichen Augen, beweglicher roter Zunge und Brummstimme wurde er erstmals 1925 auf der Leipziger Messe vorgestellt. Den Händlern muß jedoch diese Neuheit unheimlich gewesen sein, Peter blieb sitzen, fand jedoch später Abnehmer in Montevideo in Südamerika. Heute zählt dieser lachende Kerl zu den Highlights einer Auktion. Die wenigen Exemplare, die produziert wurden und per Zufall in den 70er Jahren in einem Lager ans Licht kamen, sind von Sammlern heftig umworben.

Schmunzelnd und mit lächelnden Augen stellte sich um 1929 ein weiterer Außenseiter vor, der heute zu den liebenswertesten Teddybären überhaupt zählt. Man muß ihn einfach ins Herz schließen, den mit hängenden Schultern auf tapsigen Füßen stehenden Eisbären der Bavaria-Spielwarenfabrik, Giengen (Foto Seite 69). Längst existiert sie nicht mehr, doch ihre jungen Eisbären überlebten – wenn auch in geringer Zahl. Einer von ihnen fand auf einer Auktion des Hauses Boltz in Bayreuth 1990 für 1800 Mark einen neuen Besitzer.

In Giengen erblickte eine Serie von Teddy-Babys die Welt, deren Mundwinkel zu einem freundlichen Lächeln nach oben gestickt waren. Und bis gegen Ende des Jahrzehnts öffneten auch hier die Bären die Schnauzen zu animierender Heiterkeit. Aus dem ernsten Vertrauten war ein fröhlicher Kumpel geworden. Daneben behaupteten sich aber auch die herkömmlichen Teddys – sie wurden langsam zu Klassikern.

Teddy-Babys, die Bärenkinder, ab 1929 bereichern sie das Steiff-Programm. Mit ihnen behaupten sich lachende, fröhliche Petze auf dem Markt.

Längst hatten sich während der 20er Jahre auch andere Spielwarenfabriken mit Bären-Produktionen einen Namen gemacht und waren mit eigenen Serien erfolgreich.

Dazu gehörte auch der Teddybärenbetrieb von Max Hermann in Neufang, später Sonneberg (jetzt Hermann Spielwaren GmbH, Coburg-Cortendorf).

Die Hermann-Bären fielen durch ihre korrekt gebundenen, großen Halsschleifen in unterschiedlichen Farben auf, die so etwas wie ein Markenzeichen der Teddys dieser Fabrik wurden. Die Kataloge von damals zeigen jedoch auch entzückende Clown-Teddys und zottige Kerle mit gefärbten Haarspitzen.

Aus der Hermann-Familie ging auch die Teddy-Plüschspielwarenfabrik Gebr. Hermann KG, heute Hirschaid, hervor. Unter dem Markennamen BE HA produzierte der Firmengründer Bernhard Hermann in Sonneberg bis Ende der 20er Jahre Teddybären im traditionellen Stil, tat sich jedoch Anfang 1930 mit einem sogenannten Yes-No-Bären hervor. Über den lenkbaren Schwanz, der durch einen Mechanismus mit dem Kopf verbunden war, konnte dieser Teddybär bejahend nicken oder ein Nein andeuten. Dazu kamen wenig später allerlei technische Spielereien mit Bären und anderen Plüschkreationen.

Auf musikalischem Sektor machten die Bären der Firma Eduard Crämer, Schalkau bei Sonneberg, auf sich aufmerksam. Ende der 20er Jahre marschierten ihre Clown-Musikbären auf durch Laufwerke bewegten Beinen lärmend in die Spielzeugwelt ein. Die Teilung Deutschlands nach dem Zweiten Weltkrieg – Schalkau fiel dadurch in den Bereich der DDR – brachte diese lustige Mannschaft zum Verstummen.

Um 1920 begannen auch mit Velvet überzogene Blechmäuse über Tische zu huschen, und Miniatur-Teddybären aus Blech und Plüsch den Spielzeugmarkt zu erobern. Heinrich Müller, der Chef der Schuco-Werke in Nürnberg, überraschte mit sorgfältig durchdachten Mechanismen, die, eingebaut in Tiere, Clowns und Autos, Beweglichkeit ins Sortiment brachten.

Technik machten sich ebenfalls die Gebrüder Bing aus Nürnberg zunutze und produzierten neben emailliertem Blechspielzeug auch drollige Bären, die gehen, klettern und Purzelbäume schlagen konnten. Auffallend waren bei ihnen die kleinen Ohren, die relativ flachen Nasen und ihre Schuhknopfaugen.

Die allgemeine Wirtschaftskrise brachte Bing 1932 in Konkurs. Ihre Bären gehören heute zu den großen Raritäten auf dem Markt antiken Spielzeugs.

Mit der Zeit veränderte sich die Figur des Teddybären mehr und mehr. Arme und Beine wurden kürzer, Kopf und Körper rundlicher. Der kleine Buckel jedoch war noch nicht ganz verschwunden. Diese neu entstandene Generation strahlte Gemütlichkeit und Selbstbewußtsein aus, und nach wie vor erfreute sich das nun noch schmusiger gewordene Plüschtier der uneingeschränkten Zuneigung des Menschen.

Teddys magere Kriegsjahre

In Kriegszeiten ging es den Plüschtierherstellern schlecht, nicht besser dem Teddy. Trotzdem konnte und wollte man nicht auf den Kuschelbären verzichten und nähte ihn, wie diese ›Kriegsveteranen‹ von 1946, aus Ersatzmaterial wie Wehrmachtsdecken und Möbelstoffen.

Schon einige Jahre, bevor die Teddys mit ihren Besitzern nachts vom Fliegeralarm aus dem Schlaf schreckten und – gut verpackt in Taschen oder Rucksäcken – in Bunker mitgenommen wurden, kam die Spielwarenindustrie ins Stoppen. Nach Hitlers Machtübernahme 1933 verließen nur noch wenige Erzeugnisse die Fabriken. Der Absatz im Ausland nahm drastisch ab, und nach und nach gingen auch die Mohairvorräte zur Neige. England lieferte nicht mehr nach. Der Kriegsausbruch 1939 bedeutete dann das vorläufige Aus für Spielwaren. So mußte sich alles auf die alten, bewährten Teddys verlassen – sie wurden nun dringender denn je gebraucht. Ergreifend sind die Fotos der Kriegsreporter, die später, nach Kriegsschluß, durch die Magazine gingen und heute wichtige Zeitdokumente sind. Wie das von einem amerikanischen Soldaten in einer Kampfpause, mit in den Nacken geschobenem Helm und einem Miniteddy, der aus der Hemdentasche späht. Zwischen Trümmern fährt ein

Kind in Berlin seinen Teddy spazieren. Niemand kann sagen, wie viele der geliebten Knuddeltiere mit ihren Besitzern diese schreckliche Zeit nicht überlebten. Daß trotz Mangel und aller Widrigkeiten noch ein paar Kriegsteddys entstanden, wieder aus Ersatzmaterialien wie Decken und Möbelstoffresten, ist sicher. Auf Wunsch fertigten manche Hersteller Kuscheltiere aus dem vom Kunden mitgeschickten Material. Von der Firma Hermann, aber auch vom österreichischen Plüschtiermacher Berg, Tiere mit Herz, sind solche Kriegsbären bekannt. Alte Teddys wurden liebevoller denn je ausgebessert und in langen Bombennächten mit neuen Häkelkleidchen und Strickwestchen versehen.

Mit der Währungsreform 1949 brachen wieder fette Bärenjahre an. In den USA hatte man die deutschen Teddys nicht vergessen und orderte wie in den besten Zeiten. Vorkriegsmodelle wurden neu aufgelegt oder weiterentwickelt. Neue Materialien kamen auf den Markt, neue Füllungen sowie maschinelle Verarbeitungstechniken wurden entwickelt. Superweich, mit langhaarigem Plüsch, kuschelte sich Zotty von Steiff 1950 in Kinderarme. 1953 feierte der Teddy sein 50jähriges Jubiläum – ein Herr in mittleren Jahren könnte man meinen, der jedoch immer jünger und moderner wurde. Die Synthetikfaser drängte sich in den 50er Jahren in das Leben des Kuscheltiers. Der Pelz wurde häufig aus Dralon gewebt und mit Hilfe moderner Gebläse gestopft. Das Innenleben bestand nun ebenfalls aus Kunstfasergemisch.

Zunehmend wurden Bären, vor allem aus dem Sonneberger Raum, als billige Massenprodukte in Schießbuden auf Jahrmärkten gesichtet, leuchtend in allen Farben. Je größer, desto schöner hieß ihre Parole. Stolz trug man sie nach Hause, ließ sie eine Weile auf der Wohnzimmercouch das traute Heim schmücken. Doch schnell wurden die Besitzer dieser monströs wirkenden Teddys überdrüssig. Zum Schmusen waren sie zu hart, zu groß und kein bißchen kuschelig. Diese bedauernswerten Bären endeten nicht selten auf dem Dachboden, wenn nicht gar in der Mülltonne. Einige überlebten und finden heute wieder Beachtung auf Flohmärkten, wo sie sich in Gesellschaft echter alter Bären begutachten und für ein paar Mark von Sammlern mitnehmen lassen.

Stolz zeigen sich Werner Hermann und Meister Müller in den 50er Jahren mit dem damals größten Teddy der Welt. Dieser zum Knuddeln kaum verwendbare Gigant warb für das Hirschaider Unternehmen.

Bärentypen zwischen modernem Softie und nostalgischem Replikat

Der Zweite Weltkrieg, die damit verbundene wirtschaftliche Talfahrt und die Teilung Deutschlands ließen so manchen Teddybärenschöpfer auf der Strecke zurück. Doch nach 1950 entstanden neue Plüschwarenhersteller, von denen einige dem Ideal des alten ernsten Bärenfreundes nacheiferten. Diese Nachzöglinge haben heute bereits an die 40 Jahre auf den zum Teil noch markant herausgearbeiteten Buckeln und sind es wert, der Reihe der Sammlerbären zugeordnet zu werden. Nur fällt es oft schwer, ihre Herkunft zu bestimmen. Denn mit Kennzeichen treten auch diese, wenn überhaupt, nur selten in Erscheinung. Wer nicht zu den Sammlern gehört, denen ein Markenzeichen mehr bedeutet als ein treuer Blick aus Teddyaugen, wird diese namenlosen Bären mit Sicherheit an ihrer Qualität und ihrem Ausdruck erkennen und ins Herz schließen. Auch wenn die ›Bären-Börse‹ sie nicht nennt und ihr Sammlerwert nicht meßbar ist. Einer dieser Hersteller nach 1950 ist die Grisly-Spielwaren GmbH + Co. KG aus Kirchheimbolanden. Seit 1954 ist der Grisly-Bär, aus bestem Mohair-Plüsch gefertigt, auf dem

Rechte Seite: Nostalgische Börenfamilie aus dem Hause Baki, die als Taufgeschenk gedacht ist.

Aus dem vielseitigen Teddy-Programm von Clemens ist das Trachten-Pärchen besonders originell.

Markt. Die heutigen Neuauflagen zeigen den hohen Qualitätsstandard dieser Generation. Vor allem bezaubert eine Reihe kleiner Bären, ein schwarzer Grisly mit rot gestickter Nase und ein Bärchen in Weiß. Doch auch die größeren Exemplare besitzen liebenswerte Ausstrahlung. Zu den Newcomern gehörten auch die Teddys der Clemens Spieltiere aus Kirchardt in Baden, die nach 1948 erst nachkriegsmäßig ein graues Wehrmachtsdecken-Outfit trugen, sich dann jedoch in feinstes Mohair kleideten. Neben modernen, schmuseweichen und sehr ansprechenden Bärentypen erfreuen sich bei Clemens heute vor allem wieder die traditionellen Teddys und eine Gruppe von Minibären in Matrosenanzügen und im Seppel-Look großer Beachtung.

Unter der Firmierung Baki fand nach 1950 die Baumann & Kienel KG, Rodach bei Coburg, die aus der Hermann-Familie hervorgegangen war, einen neuen, erfolgreichen Anfang mit Teddybären aus gewebten Plüschstoffen. Die Baki-Kollektion zeigt heute neben Softies als braune Petze, blütenweiße Eisbären und schwarzweiße Pandas noch die alte Garde, rundbäuchig und mit treuherzigen Gesichtszügen. Der Mohair-Bär aus alter Zeit hat also auch hier noch nicht ausgedient, im Gegenteil, er ist so lebendig wie immer.

1952 befriedigte der österreichische Plüschwarenhersteller Berg, Tiere mit Herz, das Teddybären-Nachholbedürfnis mit neuen Kreationen und legte kürzlich seine netten Fiftys wieder auf, eine freundliche Bärengesellschaft, knuddelig und ansprechend. Überhaupt zeigen sich die Berg-Bären allesamt besonders liebenswert.

Standen die 50er Jahre noch ganz im Zeichen einer großen Nachfrage nach alten Teddybären, wie man sie in der Vorkriegszeit lieben- und schätzengelernt hatte, so erwachte in den 60er, verstärkt noch in den 70er Jahren das Bedürfnis nach neuen Bärentypen, ausgehend von Amerika, das hier schon immer den Trend bestimmte. Der traditionelle Teddy trat etwas in den Hintergrund, und weichere, softige Plüschgesellen rückten nach. Sie waren runder, tapsiger, drolliger, mit langem Flor und vor allem wattiger als ihre markanten Vorgänger. Als Spieltiere wurde ihnen bald der Vorzug gegeben.

Schwarzer Bär in 18 cm Größe und ein weißer von 12 cm, nostalgisch, voll beweglich und aus bestem Mohair (von Grisly), davor Heike-Bären von 6 cm: Mini-Teddys sind genauso gefragt wie die großen.

An dieser Entwicklung maßgeblich beteiligt waren die neu entwickelten synthetischen, pflegeleichten Plüsche und Füllstoffe wie der superleichte Schaumstoff und Synthetikfasern. 1961 kam bei Steiff der erste Dralonbär heraus, und die anderen Teddy-Hersteller produzierten ähnlich.

Neue Fertigungstechniken kamen hinzu. Die Schaumflockenfüllung wurde nicht in den Bären gestopft, sondern maschinell geblasen. Doch die Technik stieß schnell auf Grenzen, nach wie vor blieb die Teddy-Macherei vor allem Handarbeit, und daran hat sich bis heute kaum etwas geändert.

Nach dieser vorübergehenden Zwangspause, die dem traditionellen Teddy auferlegt wurde, zeichnete sich sein großes Comeback schon Ende der 70er Jahre ab. In England und Amerika bekannten sich die ersten Sammler zu ihren Plüschfreunden und suchten nach solchen, die ihnen ähnlich waren. So kramten viele Hersteller die Schnittvorlagen ihrer alten, bewährten Garden heraus und fertigten nach ihnen Replikate.

Seit 1980 bringen diese wieder Bewegung in die Bärenwelt und teilen sich den Markt mit den vielen neuen Kuschelpetzen, die bei den Babys und Kindern anfangen und sich im Laufe eines mühevollen Bärenlebens zu Sammlerstücken hochdienen müssen.

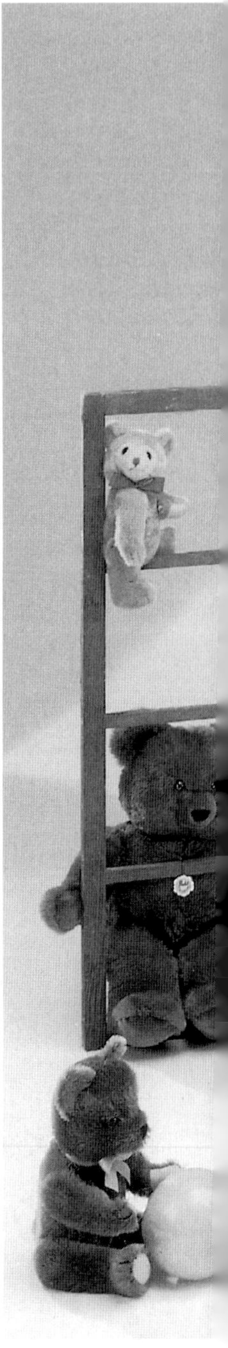

Weiche moderne Kuschelbären und nostalgische, hartgestopfte, traditionelle Teddys – heute sind bei den meisten Stofftierherstellern beide Typen vertreten, wie hier bei Baki.

Plüschbären-Produktion: Viele Handgriffe für einen kleinen Teddy

Wie von Geisterhand lassen sich Automobile von Computern gesteuert zusammenschweißen. In der Hochtechnologie stehen ganze Produktionsstraßen, auf denen die kompliziertesten Anlagen und Geräte vollautomatisch hergestellt werden. Doch gibt es keine Maschine, in die oben Plüsch, Scheiben, Glasaugen, Füllmaterial und die anderen Zutaten hineingegeben werden können, damit unten ein fertiger Teddybär herauspurzelt. Für ihre Produktion ist wie zu Anfang unseres Jahrhunderts fast unverändert viel Handarbeit nötig. Und je mehr Charakter oder Individualität solch ein Plüschtier ausstrahlt, um so mehr stecken dahinter handwerkliches Geschick und Können. Ganz besonders gilt das für gute Replikate, die nicht nur nach dem gleichen Schnitt, sondern häufig auch nach denselben Methoden gearbeitet werden wie ihre altertümlichen Vorlagen.

Es ist ein langwieriger Prozeß, ehe ein neues Teddy-Modell bis zur Marktreife entwickelt ist. Die Außendienstmitarbeiter, die durch ihren ständigen Kontakt mit dem Einzelhandel Trend und gewandelten Kundengeschmack manchmal am ehesten erspüren, geben dann den ersten Anstoß. Doch auch in den Chefetagen bei den Herstellern und ihren Designern wird aus einer Mischung von kaufmännischem Kalkül und undefinierbarem Gespür für den Markt der Zukunft an neuen Produkten gearbeitet. Am Anfang stehen Ideenskizzen, aus denen in Zusammenarbeit mit erfahrenen Näherinnen ein erstes Schnittmuster entwickelt wird. Nach ihm wird ein Prototyp gefertigt. Bis alle Proportionen an Körper Kopf und Gliedern jedoch exakt stimmen, werden noch eine Reihe von Änderungen an diesem Musterstück nötig sein. Ist endlich der genaue Typus festgelegt, hat auch das Vergrößern und Verkleinern des Schnittmusters ansprechende Bären unterschiedlicher Größe ergeben, könnte er in die Produktion gehen – wenn ihm nicht ir-

Obwohl jetzt moderne Maschinen bei der Teddy-Herstellung helfen, bleibt der größte Teil, wie das Zuschneiden, Handarbeit.

Juli

gendwelche Bedenkenträger jeden Markterfolg absprechen. In einem solchen Fall wird er ohne Nachkommen für immer im Firmenarchiv verschwinden. Eine Ausstellung solcher nie in Serie gegangener Teddys wäre für sich ein wohl höchst interessantes Stück Bären-Geschichte; lassen sich darunter doch eine Reihe individuell gestalteter Typen vermuten, wie der vor einiger Zeit wiederentdeckte Süssenguth-Peter nahelegt.

Mit per Hand gesteuerten elektrischen Messern werden heute die 20 bis 25 einzelnen Plüschteile zugeschnitten, aus denen jeder Petz zusammengesetzt ist. Ein rein maschineller Zuschnitt oder Stanzen zerstört die langen Florhaare an den Rändern, die Nähte würden unsauber und sichtbar. Der arbeitsintensivste Teil erfolgt dann in der Näherei. Bis zu einem Jahr, so rechnen die Hersteller, dauert es, ehe eine Näherin die nötige Perfektion erreicht hat, fünf oder sechs unterschiedliche Tiere herzustellen. Da auch die größte Sorgfalt nicht verhindert, ein anderer Fadenlauf es vielleicht sogar erfordert, daß eine Naht schon einmal um einen oder zwei Millimeter verrutscht, beginnen bereits hier die kleinen Unregelmäßigkeiten, die sich in den anderen Produktionsstufen fortsetzen und zusammengenommen das individuelle Aussehen eines Plüschtieres ergeben, seinen Charme und Charakter, von dem die Sammler beim Beschreiben ihres Lieblings schwärmen.

Da die Stoffe von links genäht werden, ist das Wenden der Einzelteile der nächste Schritt. Das ist vor allem bei kleinen Tieren ein oft mühsames Unterfangen, das große Geschicklichkeit voraussetzt. Bis in die 30er Jahre hinein war das, besonders bei den Heimarbeitern, die Aufgabe der Kinder.

An der noch leeren Kopfhülle müssen die Augen fest im Plüsch verankert werden. Bei manchen Firmen wird in diesem Arbeitsgang bereits die Schnauze gestickt oder dauerhaft befestigt, andere machen das erst nach dem Stopfen. Kopf und Glieder sind dabei zuerst an der Reihe. Bei Kunststoff-Flocken übernimmt heute ein Gebläse diese Arbeit: Holzwolle, Kapok und andere Fasern müssen jedoch wie ehedem von Hand mit dem hölzernen Stopfer exakt verteilt werden. Beide Techniken erfordern entsprechendes handwerkliches Geschick, damit Festigkeit und Proportionen stimmen. Mit Scheiben und Splinten werden Kopf, Arme und Beine dann an der Körperhülle befestigt, die zum Schluß ebenfalls gestopft und per Hand zugenäht wird.

Jetzt müssen noch mit einer kräftigen Bürste alle Nähte ausgekratzt, die Floreinschlüsse aufgerichtet werden. Wo es notwendig ist, lassen sich mit einer langen Nadel die beim Füllen entstehenden ›Fettpölsterchen‹ gleichmäßig verteilen, ehe dann in der Garniererei mit Pinsel oder Spritzpistole das Bären-Make-up aufgetragen wird. Die abschließende Garnierung kann aus einer einfachen Schleife bestehen, aber auch eine vollständige Bekleidung umfassen. Nach der Qualitätskontrolle hat sich der Teddy ehrlich sein Markenemblem verdient. Er wird vielleicht noch mit zusätzlichen Schildchen dekoriert, ehe er, gut verpackt, seine Reise in den Spielzeugladen antreten kann.

Aus dem vielseitigen Angebot traditioneller Sammler-Bären der Clemens Spieltiere hier einige ausnehmend hübsche Exemplare.

Plüsch ist nach wie vor das am meisten verwendete Material für das Fell eines Bären. Ihn gibt es nicht nur in unterschiedlichen Farben, die sich die Hersteller für besondere Kreationen eigens einfärben lassen, sondern auch mit verschiedenen Florlängen, deren gängigste Maße zwischen 5 und 20 Millimetern liegen.

Ganz oben auf der Beliebtheitsskala steht der

- Mohairplüsch: Er ist ein reines Naturprodukt, das aus den Haaren der in England und Schottland, auf Korsika, in der Türkei oder Nordafrika lebenden Mohairziege gewonnen wird. Er ist qualitativ sehr hochwertig, aber auch entsprechend teuer.
- Synthetikplüsch: Er besteht meist aus Acryl, Modacryl, Dralon, Dolan oder Orlon und kann in guten Qualitäten leicht an den Preis von Mohairplüsch kommen. Er läßt sich gut verarbeiten, ist völlig ungiftig, fusselt kaum und ist voll waschbar.
- Crylorplüsch: Ein Langhaarplüsch, der sehr schön gekämmt werden kann, dessen Haare jedoch leichter ausgehen als bei den kürzeren Synthetiks.
- Kunstseidenplüsch: Wurde früher verwendet, hat aber heute keine Bedeutung mehr. Er fusselt sehr und ist nicht waschbar.

Der wertvolle Webplüsch.

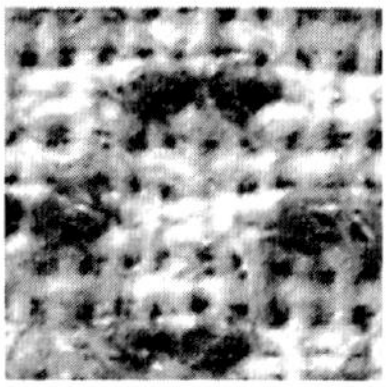

Plüsch unterscheidet sich schließlich noch in der Herstellung. Er wird, als besondere Qualität, gewebt, sonst aber gewirkt.

Webplüsch wird auf Webstühlen hergestellt mit Kette und Schußfaden (beim traditionellen Mohairplüsch aus Baumwolle). Eingewoben werden jeweils Polfäden, die dem Stoff seinen Plüschcharakter verleihen. Je nach Beschaffenheit des Polgarnes (bei Mohair aus Wolle) und der Dichte wird die Pelzimitation ausfallen. Webplüsch für Teddys kann aus reinen Naturmaterialien, aber auch aus synthetischen Fasern bestehen. Diese machen ihn besonders strapazierfähig und pflegeleicht.

Der preisgünstigere Wirkplüsch.

Wirkplüsch entsteht auf Rundstrickmaschinen, wobei bei jeder Masche eine Faserflocke mit eingestrickt wird. Bei dieser Pelzimitation wird die Rückseite mit einer Appretur versehen, um dadurch die Plüschfasern fest im Grundgestrick zu verankern.

Wie bei den Stoffen gibt es auch bei den Füllungen erhebliche Qualitätsunterschiede.

- Holzwolle, das Stopfmaterial für die ersten Teddy-Generationen, wurde bis in die 60er Jahre verwendet. Die Körper werden ziemlich hart. Heute wird sie nur noch für Replikate und besondere Sammler-Modelle eingesetzt.
- Kapok: Eine baumwollähnliche Naturfaser aus Fernost, die schon relativ früh, meist als Beimischung, für die Bärenproduktion verwendet wurde, denn die Körper fühlen sich dann weicher an.
- Stopfwolle: Ein weiches und elastisches Naturprodukt, relativ schwer.
- Dacron- oder Diolenwatte: Sehr weiches, federleichtes und elastisches Kunststoffmaterial, das auch noch waschmaschinenfest ist. Sie wird vor allem für Schmuse-Teddys eingesetzt, ist allerdings relativ teuer.

Während die vorgenannten Materialien noch von Hand gestopft werden müssen, eignen sich die beiden folgenden Kunststoffe zum Stopfen mit einem Gebläse:

- Schaumgummiflocken: Weich und waschbar, jedoch sehr schwer. Daher werden sie zumeist gemischt mit
- Styroporgranulat: Dieses ist äußerst leicht. Alleine verwendet wird das Tier sehr hart, und man stellt ein Knistern fest, wenn man einen solchen Artikel in die Hand nimmt.

Die synthetischen Stoffe und Stopfmaterialien entsprechen – im Gegensatz zu Holzwolle, Kapok oder Stopfwolle – den europäischen Sicherheitsbestimmungen für Spielzeug. Sie sind schwer entflammbar und waschmaschinenfest.

Teddy-Hersteller: Auf der Suche nach dem kleinen Unterschied

Ein gut gearbeiteter Teddybär erhält durch das handwerkliche Geschick seiner Hersteller ein prägnantes, individualistisches Aussehen. Zugleich war und ist unser Meister Petz, von wenigen Ausnahmen abgesehen, ein Massenartikel. Das trifft vor allem auf die Jahre vor dem Ersten Weltkrieg zu, als der amerikanische Markt alle Plüschtiere aufsog, wenn sie nur aus Deutschland kamen. Im unvergleichbaren Boom dieser Gründerjahre soll es weit über eintausend Teddy-Hersteller gegeben haben, niemand hat sie je gezählt, keiner fand einen Überblick. Abgesehen von führenden Firmen wie Steiff oder Bing, die mit eigenen Auslandsvertretungen den internationalen Markt bedienen konnten, gab es vor allem die kleineren Produzenten, Familienbetriebe zumeist, als Zulieferer völlig abhängig von den Verlegern, besonderen Großhändlern, die den Verkauf besorgten. Diese wiederum legten überhaupt keinen Wert auf individuelle Gestaltung ihrer Ware. Sie verlangten vielmehr eine möglichst korrekte Kopie der großen Vorbilder; dadurch wurden die Marktchancen gesteigert.

An dieser Entwicklung liegt es vor allem, daß die frühen Teddys solcher Firmen wie Althans, Hermann, Süssenguth, Bavaria, Schuco, Crämer und anderer, die in den 20er Jahren mit eigenen Marken reüssierten und aus dem Schatten der Branchenriesen herauszutreten suchten, schwer zu identifizieren sind. Etwas klarere Verhältnisse gab es erst beim nächsten großen Aufschwung Anfang der 50er Jahre, für den Namen wie Clemens, Baki, Grisly, Berg, Felpa oder andere stehen. Seit etwa 1980 schließlich, als seltene Bären zum Spekulationsobjekt von Sammlern wurden, gibt es die Hersteller von Designer-Bären, auch Künstler-Bären genannt. Meist im Ein-Frau-Betrieb werden diese Stücke als Unikate oder in Kleinstserien gefertigt und finden regen Zuspruch.

Seite 60/61: Nur wenige alte Bären können ihre Herkunft nachweisen. Die meisten wurden von den Herstellern ohne Firmenzeichen auf die Menschheit losgelassen. Ob sie deshalb weniger begehrenswert sind, muß jeder Sammler selbst entscheiden.

Diese Entwicklung kam aus den Vereinigten Staaten und Großbritannien. Vorläufer waren hier wohl die Designer, die für die großen Plüschwarenfabriken unter eigenem Namen besondere Teddy-Serien entwickelten. In den angelsächsischen Ländern wird, das fällt beim internationalen Vergleich auf, besonderer Wert auf die Bekleidung gelegt. Frankreich, eine Hochburg bei der Herstellung kostbarer Porzellanpuppen, ist in puncto Plüschtiere über die Landesgrenzen kaum hervorgetreten, ähnlich wie Italien, Spanien und die anderen südeuropäischen Länder. Die ostasiatischen Lieferanten sind, wenn nicht ein renommierter Hersteller das nötige Know-how liefert, bei uns mit ihrer Massenware vertreten – der Preise wegen. Lediglich die Japaner lösten Anfang der 50er Jahre mit ihren zum Teil originellen Teddy-Automaten einen kurzzeitigen Boom aus. Inwieweit ihre anderen Kreationen Sammlerwert erreichen, muß die Zukunft zeigen.

Aus der großen Zahl von Teddy-Herstellern wurden für die nachfolgende Aufstellung jene Firmen herausgesucht, deren Produkte (einen gewissen) Sammlerwert

Sie sind die Stars moderner Sammlungen, die Unikate der Bärenmacherinnen, wie dieser Winzling aus Kaschmir, in Handarbeit hergestellt von Heike Gumpp.

besitzen. Ausländische Lieferanten werden erwähnt, wenn sie auf unserem Markt vertreten sind. Das wird in aller Regel in den Teddy-Spezialläden und, vor allem bei den Designern, in den einschlägigen Versandgeschäften der Fall sein, die sich jedoch meist auf bestimmte Marken spezialisiert haben.

Ausstellungen bei den Herstellern

Die meisten der großen, aber auch der kleineren Hersteller haben ihren Fabriken Schau- und Verkaufsräume angegliedert, in denen sie ihre Produkte ausstellen. Für Sammler sind sie Fundgrube und Anschauungsunterricht in einem. Wer sie besuchen will, sollte für die meist stundenweise geöffneten Einrichtungen entsprechende Zeit einplanen. Das gilt besonders für den Raum Neustadt – Coburg – Sonneberg mit seinen zahlreichen Teddy-Herstellern.

DEUTSCHLAND

Althans KG Plüschtierfabrik

Horber Straße 4, 96465 Neustadt-Birkig,
Tel. 0 95 68/92 26-0, Fax 0 95 68/92 26-50

Dieser Hersteller hat, wie eine Reihe anderer Firmen, seine Wurzeln in der traditionsreichen thüringischen Spielzeugstadt Sonneberg. Hier wurden bereits 1920 von der Familie Althans die ersten Teddys gefertigt. Nach dem Zweiten Weltkrieg und der Grenzziehung floh Karl Althans aus der DDR in die benachbarte amerikanische Zone und ließ sich im sieben Kilometer entfernten Dorf Birkig, heute ein Vorort von Neustadt, nieder. In jenen mageren Jahren arbeitete er als Landwirt auf dem Bauernhof seiner Schwiegereltern. Doch seine Liebe zu den Schmusetieren ließ ihn nicht los. Nach Feierabend begann er mit Ehefrau Else wieder Teddys zu nähen. Sie gründeten ein kleines Geschäft, in dem sie die ersten eigenen Kreationen verkauften. Die noch in der Wohnstube produzierte Bären-Gesellschaft wurde auch in Rucksäcke verpackt; Else und Karl Althans besuchten mit ihnen per Fahrrad die Jahrmärkte in den benachbarten Städten Neustadt, Coburg und Lichtenfels. Ihre Geschäfte liefen so gut, daß sich im Laufe der Jahre ihr Bauernhof mit lebenden Tieren in eine Fabrik mit umfangreicher Plüschtier-Menagerie verwandelte.

Heute zählt das Unternehmen mehr als 100 Mitarbeiter. Und das Musterzimmer hat längst den Platz eingenommen, an dem früher einmal ein Viehstall stand. Die Althans KG ist bis heute ein reiner Familienbetrieb geblieben und wird inzwischen geführt von Günther Kessel, einem Bruder von Else Althans.

Ein Großvater aus der Althans-Bärenfamilie erschien vor kurzem als Replica in den Größen 25, 30, 40 und 50

Mit karierten Halsschleifen und Westen sind die Althans-Sammlerbären fast elegant ausstaffiert. Alle können brummen. Ihr Fell: bester Mohair. Die Bären gibt es in den Größen 30, 40 und 50 cm in limitierter Auflage, handsigniert und mit Zertifikat.

Zentimeter, Farbe Altgold, limitiert auf 1000 (der größte) und 2000 Exemplare (die kleineren). Jeder Teddy ist unter der linken Fußsohle handnumeriert und von Kessel unterschrieben. Mit ihren zu einem spitzbübischen Lächeln hochgestickten Mundwinkeln, schwarzen Knopfaugen, dem relativ langen Mohairplüsch wirken diese Althans-Teddys frech-fröhlich und bärenfreundlich. Sie sind fest gestopft und auf Scheiben gearbeitet. Althans-Tiere tragen ein Kunststoff-Label auf der Brust.

Aus der modernen Teddybären-Kollektion fällt ein sitzender Pandabär in verschiedenen Größen bis 70 Zentimeter auf, ebenso weichgestopft wie weitere sehr kuschelige Teddys, die alle als Spieltiere gedacht sind.

Baki Plüschspielwaren, Baumann & Kienel KG

Postfach 1144, 96476 Rodach bei Coburg,
Tel. 0 95 64/2 22, Fax 0 95 64/12 70

Den Baki-Bären verbindet ein familiärer Draht zur Sonneberger Teddy-Dynastie Hermann. Denn Adelheid Hermann, die Mutter des Baki-Mitgründers und jetzigen Mitinhabers Franz Baumann, fertigte bereits 1913 mit ihren

Den Nachtwächter, der im Sommer abends in seiner Heimatstadt Rodach durch die Straßen wandert, nahm Baki als Vorbild für den originellen Sammlerteddy. Er ist 30 cm groß und mit Lampe, Hellebarde und Horn ausgestattet.

Brüdern Arthur und Max erste Plüschbären. Nach dem Ersten Weltkrieg heiratete sie Hermann Baumann; beide produzierten in einem Heimarbeiterbetrieb Puppen und Teddys. Sohn Franz absolvierte an der Sonneberger Industrieschule eine Ausbildung, erlebte den Ausgang des Zweiten Weltkriegs in Flensburg und gründete dort eine Firma, die anfangs aus alten Militärdecken und -mänteln erste Spielzeugtiere fertigte. In den hohen Norden verschlug es auch seinen Jugendfreund Franz Kienel, ebenfalls Kind aus einer Plüschtiermacher-Familie und Absolvent der Sonneberger Spielzeugmacher-Fachschule. Die beiden Experten schlossen sich 1951 zur Firma Baumann & Kienel zusammen und gaben ihr das Markenkürzel ›Baki‹.

Bärenstark und für Sammler interessant ist die Bären-Bande des Rodacher Unternehmens. Es bietet neuere und nostalgische Baki-Petze so richtig zum Liebhaben, wie die goldfarbene Gruppe unten.

Weil sich im Coburger Raum eher geschulte, in der Tradition gewachsene Fachkräfte finden ließen, übersiedelten sie in die südliche Spielzeugregion nahe der thüringischen Grenze. In einem Kinosaal von Rodach wurde mit zehn Mitarbeitern begonnen; gefertigt wurden Plüschtiere und vor allem Teddys in verschiedenen Qualitäten, wobei vor allem Plüsche aus dem benachbarten Coburg verarbeitet wurden. Der Betrieb expandierte rasch; 1954 wurde an der Coburger Straße ein erstes eigenes Fabrikationsgebäude bezogen, die Zahl der Beschäftigten wuchs bis 1958 auf 130. Zu dieser Zeit trat auch Walter Kienel, der heutige Mitinhaber, in den Betrieb ein, der, in seines Vaters Fußstapfen folgend, für das Entwerfen der Kollektion zuständig wurde, während Franz Baumann den Verkauf leitete.

Die Firma verzichtete auf jede Massenware und setzte weiter auf Qualität. Die Teddybären, die das Rodacher Werk unter dem Markenzeichen Baki verlassen, sind alle in Handarbeit entstanden. Wie in alter Zeit wird für eine für Sammler interessante Serie von Teddys goldfarbener Mohair-Webplüsch verwendet. Sie sind alle auf Scheiben gearbeitet.

1000 Teddys dieser limitierten Serie wurden numeriert als ›Nostalgie-Teddybären‹ in hübsche Geschenkkartons verpackt.

Einen alten Baki-Bären auf einer Auktion, einer Börse oder dem Flohmarkt zu erkennen, fällt nicht leicht, da jede äußere Kennzeichnung fehlt. Zur ungefähren Bestimmung der Herstellungszeit kann lediglich der Hinweis dienen, daß seit Ende der 50er Jahre die Ohren der Baki-Bären maschinell eingenäht wurden, vorher war das noch Handarbeit.

Baweku, Bavaria Werkkunst GmbH

München (besteht nicht mehr)

Anfang der 20er Jahre existierte in Giengen an der Brenz die Spielzeugfabrik Bavaria. Ein weiß-blau gestreifter Ball war ihr Markenzeichen. Neben Kaffeewärmern, Plüschpuppen und anderen Tieren wurden auch Teddybären hergestellt. Sie sind anscheinend untergegangen in der

Anonymität der Plüschtiere, wie sie von zahllosen Firmen in jener Zeit produziert wurden. Mehr als das Markenzeichen ist jedenfalls bisher nicht in die Spielzeuggeschichte eingegangen.

Etwas mehr ist über das Münchner Zweigwerk dieses Unternehmens bekannt, die Bavaria Werkkunst GmbH, die unter dem Firmenlogo Baweku firmierte. Nach einem von ›Cieslik's Puppenmagazin‹ ausgegrabenen Firmenkatalog von 1930/31 konnte ihr ›Junger Eisbär‹ identifiziert werden, der neben anderen Teddys in den Größen 27 und 40 Zentimeter produziert wurde. Sie tauchen nur noch sehr selten auf dem Markt auf. Und wenn, dann nehmen sie die Sammler durch ihre Liebenswürdigkeit und den drolligen Charme gefangen.

Und die haben ihren Preis. Bei Auktionen wurden 1990 zwei Baweku-Eisbären, jeder 40 Zentimeter hoch, versteigert. Einer erbrachte 1800 DM (Auktionshaus Boltz, Bayreuth), der andere 2400 DM (Karin Ernst, Mönchengladbach).

Er macht heute Furore bei Auktionen, der Eisbär von Baweku, nicht nur weil er äußerst selten ist, sondern auch durch seine Liebenswürdigkeit. Dieser stammt aus den 30er Jahren und erzielte 1990 1800 DM.

Bera, Feine Bären, Manufaktur Beate Bera

Ackermannstraße 25a, 22087 Hamburg,
Tel. 0 40/2 20 37 93, Fax 040/2 29 97 98

Teddys zum Verlieben, in penibler Handarbeit geschaffen, machen seit 1993 in Hamburg auf sich aufmerksam: die Bären von Beate Bera. Bei der Classic-Serie bestehen ihre Pelze aus Naturmaterialien wie exquisitem Mohair, ihre Körper füllt ganz nach alter Tradition Holzwolle. Sie sind auf Scheiben gearbeitet. Die softigen Schmusebären besitzen eine weiche Kapok-Füllung. Schon heute sind die Beras in Privatsammlungen und in Museen vertreten,

Der Bera-Panda heißt Dan-Dan nach einer im Zoo von Xian in China lebenden Bärin. Sie besitzt eine Rarität: ein braun-weißes Fell. Mit Dan-Dan möchte Beate Bera auch auf die Gefährdung der in den Bambuswäldern lebenden, bedrohten Pandas aufmerksam machen. Dan-Dan gibt es in 21, 30 und 40 cm Größe.

wie im Palais du Louvre und im Teddybär-Museum in Naples, Florida. Bera-Bären tragen um den Hals eine grüne Marke. Zu finden sind die Teddys in Hamburg und in guten Bären-Shops.

Gebrüder Bing AG

Nürnberg (besteht nicht mehr)

Die Erfindung eines neuen Lithographie-Verfahrens mit der Möglichkeit, Metall farbig zu bedrucken, brachte ab 1890 der Nürnberger Blechspielwaren-Produktion einen ungeheuren Aufschwung, mußte doch nicht mehr jedes einzelne Stück mühsam von Hand bemalt werden. Als der größte und weltweit bekannteste Hersteller galt um 1900 das Unternehmen der Brüder Ignaz und Adolf Bing. Aus der Nürnberger Metallwarenfabrik Gebrüder Bing kamen Ende des letzten Jahrhunderts vor allem Utensilien für Puppenküchen, außerdem Eisenbahnen, Dampfmaschinen und die Laterna magica. 1897 wurde die Firma um eine Spezialfabrik für mechanische, elektrische und Filzspielwaren erweitert. Um 1907 wurden Plüschtiere in das Programm aufgenommen – der Teddy-Boom stand auf seinem ersten Höhepunkt. Der schier unersättliche US-Markt suchte dringend weitere Lieferanten. So stürzten sich die Bing-Brüder mit einer Serie eigener Bären in den Konkurrenzkampf. Hergestellt wurden sie aus bestem Mohairplüsch, mit Holzwolle gestopft und mit einer Brummstimme ausgestattet. Das Besondere an den Bing-Teddys war jedoch ihre Beweglichkeit, die ihnen ein aufziehbares Federwerk verlieh. Dank dieser in Blechspielzeug bewährten Technik konnten die Plüschtiere laufen, purzeln und sogar klettern. Die für die damalige Zeit kleinen technischen Wunderwerke gab es in den Farben Weiß, Dunkelbraun und Goldgelb sowie anfangs in den Größen 15 bis 35 Zentimeter, nach 1913 in 13 bis 43 Zentimeter (sitzend gemessen).

Um das Markenzeichen herrscht bis heute Verwirrung. Denn Bing versah seine Teddys anfangs wie Steiff mit einem Knopf im rechten Ohr, darauf die Initialen GBN für Gebrüder Bing Nürnberg. Nach gerichtlichen Auseinandersetzungen mit dem großen Rivalen aus Giengen änderten die Nürnberger ihr Symbol und gaben ihm das Aussehen eines alten Eisenbahnsignals. Anfangs zwickten sie diesen Streifen wieder ins rechte Ohr, danach unter den linken Arm. Darüber hinaus wurden nach 1919 die Initialen in B. W. (Bing-Werke) geändert.

Die Bing-Bären gehören heute zu den teuer bezahlten Raritäten auf dem Sammlermarkt. Und das liegt sicher nicht daran, daß sie von Steiff einiges abguckten. Sie sind originell und lustig anzusehen, wie der Rollschuhläufer mit zwei kleinen Schienen und Rollen unter den Füßen: Mit einem Stock kann er sich vor- und rückwärts bewegen. Ein anderer Teddy rollt einen blechernen Ball vor sich her, der nächste fährt sein Baby in einer Schubkarre spazieren. Manche dieser Bären tragen bunte Kleider, wie beispielsweise die Arco-Teddys, die Purzelbäume schlagen oder am Trapez rangeln. Typisch für die Bing-Bären sind ihre kleinen Ohren, die nicht sehr ausgeprägten, flachen Nasen und ihre Schuhknopfaugen. Patent- und Gebrauchsmusterschutz hat Bing für seine beweglichen Originalitäten erhalten; sie sind gekennzeichnet durch ein kleines Metallschild mit der Aufschrift ›DRP DIV DRGM‹.

Bis zum Jahre 1930 wurde das Programm fast unverändert fortgeführt. Eine in Amerika aufgebaute Tochterfirma mußte Ende der 20er Jahre infolge der Weltwirtschaftskrise Konkurs anmelden, ein schwerer Schlag für das Nürnberger Stammhaus. 1932 wurde auch hier die Spielwarenproduktion eingestellt. Stephan Bing, ein Mitglied der Familie, versuchte einen Neubeginn mit einem kleinen Metallspielwarenbetrieb und erzielte 1935 einen ersten Erfolg mit seiner Trix-Eisenbahn.

Das Dritte Reich und dessen judenfeindliche Politik veranlaßten Stephan Bing 1938, nach England auszuwandern, wo er seine begonnene Arbeit fortsetzte. Bing-Bären wurden jedoch nie wieder hergestellt.

Ebo – Erich Bohl, Plüschspielwaren-Fabrik

Kemmater Weg 7, 96472 Rödental-Kipfendorf,
Tel. 0 95 63/13 67, Fax 0 95 63/43 48

Wie viele andere setzte in den 50er Jahren auch der gelernte Schuhmacher Erich Bohl auf die Plüschtier-Welle. Produziert wurden die ersten Teddys und Foxterrier in einer Kammer neben der elterlichen Schusterwerkstatt, verkauft wurden sie an Neustädter Grossisten. Bald wurden Warenhäuser und Fachgeschäfte beliefert, denn

Auch kleinere Hersteller besinnen sich wieder auf ihre Bären-Tradition. Das zeigen die beiden Teddys rechts im Bild von Ebo, einer in goldgelbem Mohair und einer aus einem alten Plüschrest gefertigt (in der Mitte). Linker Teddy von Althans.

Plüschtiere der unteren und mittleren Preisklasse waren gefragt. 1956 konnte ein neues Fabrikationsgebäude bezogen werden.

Bis in die 70er Jahre produzierte Bohl ausschließlich auf Scheiben gearbeitete Bären, manche mit Brummstimmen, andere mit eingebauten Sprechwerken, mit offenem oder geschlossenem Maul. Statt Mohair und Seidenplüsch wurden nun in der Hauptsache Webpelze aus Kunstfaser verarbeitet, die Tiere statt mit Holzwolle und Kapok mit Schaumflocken und Acrylfasern gestopft. Heute reicht das Sortiment von Ebo, so der Markenname, von Affe bis Ziege.

Seit einigen Jahren verläßt ein auf traditionelle Art gefertigter niedlicher honigblonder Bär aus Schurwollplüsch die Fabrik von Erich Bohl. Seine Nase ist gestickt, und er trägt, wie jeder ordentliche Bär, eine rote Schleife. Er paßt gut in Sammlungen. Auf Wunsch wird er statt mit Acrylfaser mit reiner Schurwolle gestopft. Aus einem Restposten Billigplüsch aus den 60er Jahren arbeitete Ebo einen weiteren Nostalgiebären, der etwas struppig, aber nett wirkt. Ebo-Bären gehören zum kleinen Verkaufsangebot des Neustädter Spielzeugmuseums, lassen sich aber auch in den Spielzeugabteilungen der Warenhäuser entdecken.

Clemens Spieltiere GmbH, Hans Clemens GmbH

Waldstraße 34/36, 74912 Kirchardt, Tel. 0 72 66/17 74,
Fax 0 72 66/27 47

Wie eine Ziehharmonika hängt der Name Clemens über dem Bauch eines stilisierten Teddys und wird so zum Warenzeichen dieses Spieltierherstellers aus dem badischen Kirchardt. Seine Produktion besteht aus kuscheligen, robusten Spielkameraden zum Liebhaben, Handspielfiguren und Musikspieltieren. Daneben stellt Clemens eine Reihe Teddys in traditionellem Stil her, die für Sammler interessant sind.

Besonders liebenswerte Vertreter aus dieser Plüschwelt sind dunkelbraune, festgestopfte Scheiben-Bären in vier Größen von 17 bis 60 Zentimetern sowie eine honiggelbe oder weiße Teddy-Familie in fünf Größen zwischen 10 und 90 Zentimetern. Wer nur Minibären sammelt, findet sie in unterschiedlichen Farben zwischen 10 und 15 Zentimetern, dazu Bärchen im Matrosenlook oder mit Dirndl und Seppelhose.

Das Unternehmen wurde 1948 von Hans Clemens quasi aus dem Nichts gegründet. Es begann in Kirchardt mit einem Einzelhandelsgeschäft für Glas, Porzellan und Geschenkartikel. Weil damals die Nachfrage nach Teddys groß war und nicht befriedigt werden konnte, griff die Familie zur Selbsthilfe und stellte aus Militärdecken, dem damals einzig verfügbaren Material, die ersten Bären her. Sie kamen beim Publikum an; die Nachfrage wuchs, Mitarbeiter wurden eingestellt und das Produktionsprogramm auf eine Vielzahl von Plüschtieren erweitert. Gründersohn Peter führt heute die Hans Clemens GmbH als Familienbetrieb in der zweiten Generation. Der Teddy behauptet ungebrochen einen Spitzenplatz im Produktionsprogramm. Für kleine Kinder sind sie weich und besonders kuschelig, mit angenähten Gliedern und Kopf. Die reifere Bären-Generation ist auf Scheiben gearbeitet und voll beweglich. Erkennungszei-

Einige Vertreter aus dem großen Sammlerprogramm von Clemens, die noch erschwinglich sind.

Drei Teddy-Generationen haben sich hier zusammengefunden, alle aus Clemens-Produktionen: links lachender Bär im Stil der 50er Jahre, Mitte Nostalgie-Teddy, rechts zwei Softies von heute.

chen ist das rote Firmenlogo, auch heute noch in Dreiecksform. Clemens bietet eine umfangreiche Sammlerkollektion.

Mit einer ›Umwelt-Serie‹ von 19 geschützten Tierarten, aus Plüsch gefertigt, macht das Unternehmen seit langem auf die weltweite Bedrohung der Natur aufmerksam. Zu den Tieren, die einen Artenschutzpaß mit zusätzlichen Informationen tragen, gehören auch ein Braunbär und ein Eisbär. Ein Teil des Kaufpreises kommt den europäischen Naturschutzverbänden zugute.

Stoffspielwarenfabrik Eduard Crämer

Schalkau/Thüringen (besteht nicht mehr)

Fast alle Hersteller im Sonneberger/Neustädter Raum, die Teddys in Millionenauflage für die Großabnehmer herstellten, blieben anonym. Zu den Ausnahmen gehörte die Stoffspielwarenfabrik von Eduard Crämer, von deren Produktion erhalten gebliebene Kataloge Auskunft geben. Eduard Crämer, 1858 als Sohn eines Schneiders geboren, erlernte das väterliche Handwerk. Er war sehr begabt und besuchte in Dresden die Zuschneideschule. 1885 heiratete er Anna, die Tochter des in Schalkau bei Sonneberg ansässigen Spielzeugfabrikanten Paul Schwabacher. Er übernahm zuerst das Atelier seines Vaters, ließ sich jedoch 1896 von seiner Frau ermuntern, erste Tierschnitte zu entwerfen. Daraus wurde eine ganze Kollektion, die bei den Sonneberger Grossisten auf Beifall stieß. Als um 1905 der Bärenboom ausbrach, war er einer der ersten, der mit auf den Zug aufsprang und Teddys nach dem Steiffschen Vorbild fertigte. Mit Unterstützung seines Sohnes Hermann und des Schwiegersohnes Heinrich Lohr blühte das Unternehmen bis zur Zwangspause durch den Ersten Weltkrieg. In den 20er Jahren wurde die begonnene Linie fortgesetzt. Crämer-Plüschtiere gingen unter dem Warenzeichen ›Educa‹ in die Welt, vor allem nach Amerika und England. Die Teddys zeichneten sich durch Originalität aus; sie wurden in der Regel in neun Größen zwischen 21 und 70 Zentimetern angefertigt. Alle trugen pastellfarbene Seidenhalsbänder oder -schleifen. Größen ab 45 Zentimetern waren sogar mit Musikwerken ausgestattet, ihre kleineren Brüder durften nur brummen. Es gab Modelle, die durch einen neu entwickelten Mechanismus laufen lernten, manche schwangen den Taktstock, drehten eine Rassel oder schlugen Deckel zusammen. Besonders hübsch waren Clownbären, die mit dem Kopf nickten, Musik spielten und dabei noch tanzten. Auch dieser Spielzeughersteller wurde Opfer der Teilung Deutschlands. Schalkau fiel an die DDR, Educa mußte aufgeben.

Birgit Diedrich-Drobny, Künstlerbärenwerkstatt Bärfidel

Ostendstraße 82, 74193 Schwaigern, Tel. u.
Fax 0 71 38/92 04 81

George (60 cm) und Rupert (35 cm). Mit treu blickenden Knopfaugen erobern sie die Herzen der Teddyfans. Mit ihnen schuf Birgit Diedrich-Drobny die Bären, die sie sich in ihrer Kindheit immer erträumt hatte.

Gandalf, ein Bär als geheimnisvoller Schamane mit Federumhang und Zauber-Requisiten am Gürtel, beeindruckte internationale Teddyliebhaber auf dem Festival ›Teddybär total‹ in Hennef 1995 dermaßen, daß sie ihm und seiner Schöpferin, Birgit Diedrich-Drobny, den Wettbewerbspreis ›Goldener George‹ zuerkannten. Mit ihrer ständig wachsenden Kollektion klassischer Bärentypen entspricht die Künstlerin höchstem Anspruch an Kreativität, Material und Verarbeitung. Seit 1995 entwirft sie auch Sammler-Teddys für die Firma Clemens Spieltiere. Ihre Bären trifft man in ihrer Werkstatt oder in exklusiven Teddy-Geschäften.

Anja Fohmann, Künstlerbären

Olkenweg 7, 66663 Merzig-Bietzen, Tel. u. Fax 0 68 61/71 40

Die Künstlerin kam erst als Erwachsene dem Bären auf die Spur. Weil sie als Kind nie einen eigenen besaß, füllte sie später die Lücke durch eine eigene Sammlung. Viele alte Teddys suchten Anja Fohmanns Nähe und ließen sich von ihr liebevoll restaurieren. So war es nur noch ein kleiner Schritt bis zur eigenen Bären-Bande. Ab 1991 wurde das Hobby zum Beruf. Unter dem Markenzeichen ›Anjas Bären‹ gelangten zahlreiche Teddy-Persönlichkeiten in die Hände von Sammlern und Liebhabern. Die freundlichen Fohmann-Bären sind zwischen 18 und 45 cm groß, das Mohairfell ist mit Schaf- oder Holzwolle gestopft. Jeder Teddy ist auf 20 Exemplare limitiert, die sich mit handgeschriebenen Urkunden ausweisen. Nach Fohmann-Entwürfen fertigt auch der Hersteller Clemens Spieltiere Sammlerbären an. Bei ›Teddybär total‹ errang Anja Fohmann 1996 mit ›Clown Ronaldo‹, 1997 mit ›Weltenbummler und Straßenmusikant Piet‹ den Wettbewerbspreis ›Goldener George‹. Fohmann-Bären sind direkt oder in exklusiven Teddy-Geschäften erhältlich.

Ein ›Kaschbärle‹ von Anja Fohmann. Sonderanfertigung für die Kunststuben Starnberg.

Grisly-Spielwaren GmbH

Beethovenstraße 1, 67292 Kirchheimbolanden,
Tel. 0 63 52/35 96, Fax 0 63 52/6 71 33

Mit einem Grisly-Bären als Markenzeichen kommen seit 1954 aus dem rheinpfälzischen Kirchheimbolanden Plüschtiere auf den Markt, die sich konsequent an den Stil ihrer Entstehungszeit halten. Nur wenige fallen in diesem Grisly-Zoo aus dem Rahmen und versuchen, mit der Mode zu gehen. Die Teddybären gehören – Gott sei Dank – nicht dazu. Zwar sind einige von ihnen ein wenig rundlicher und weicher geworden, doch besitzen auch sie noch den nostalgischen Charme der Fünfziger. Im Sortiment sind die Teddys generell in stattlicher Anzahl vertreten, aus lang- oder kurzhaarigem Mohair, manche mit gefärbten Haarspitzen. Einige lachen, andere schauen mit geschlossener Schnauze ernst oder freundlich in die Welt. Wieder andere liegen auf dem Bauch und schlafen oder lassen sich auf vier Rädern ziehen.

Aus diesem liebenswerten Angebot, das heute mehr denn je Freunde findet, kommen auch die Replikate von Bärenpersönlichkeiten von 1954, 1955 und 1956, jeweils 40 Zentimeter groß, gefertigt aus englischem Mohair, dem besten der Welt.

Die Teddys sind voll beweglich, jeder auf Scheiben gearbeitet, die Glasaugen eingezogen. Die Auflage ist auf jeweils 2000 Exemplare begrenzt; unter dem linken Fuß steht der Abdruck des Manufakturstempels mit Nummer. Gestopft wird in Kirchheimbolanden mit Baumwolle oder Styropor.

Besonders beliebt unter Sammlern sind die Miniaturbären von 12, 15 und 20 Zentimetern, die es in Weiß, Braun, Zimtfarben, Goldbraun, Maisgelb und Schwarz gibt. Der schwarze Teddy hat eine rot gestickte Nase; alle tragen Schleifen.

Wer seine Sammlung mit Beispielen aus dem Hause Grisly ergänzen will, wird vielleicht in gut sortierten Spielzeuggeschäften oder bei einem Teddy-Versand fündig. Etwa 70 Prozent der Produktion dieses Herstellers gehen allerdings in den Export.

Gründer der Grisly-Spielwaren GmbH & Co. KG war Karl Theodor Unfricht, der erkannte, daß bei den vielen

Nicht nur bei uns, sondern vor allem auch in den USA geschätzt und mit Preisen geehrt: die Grisly-Bären aus Kirchheimbolanden. Für Grisly entwarf die renommierte Teddy-Künstlerin Janet Reeves aus den USA (s. S. 145f.) das seidenweiche Teddymädchen Goldy.

Teddys aus deutschen Landen nur mit Qualität Geschäfte zu machen waren. Der Erfolg gab ihm recht. Die Kinder Hans-Georg Unfricht und Hannelore Wirth führten die Firma in seinem Sinne weiter. 1995 übernahm Daniele Lederle, eine passionierte Teddy-Sammlerin, das Unternehmen und die Tradition der Unfricht-Familie.

Susanne Grosser, Ursa-Minor

Rothmundstraße 6, 80337 München, Tel. u.
Fax 0 89/5 38 93 66

Selbstauskunft anstelle eines Portraits: »Als Berlinerin ohnehin schon von Geburt an mit dem Bären an sich vertraut, begleiteten diese faszinierenden Tiere auch meinen weiteren Lebensweg – zuerst in der Form von knuddelig-kuscheligen Teddybären, von denen jeder einzelne mein Lieblingsteddy war. Bei meinen häufigen Besuchen des Zoos waren die bevorzugten Objekte meines kindlichen Staunens natürlich ebenfalls die Bären, von denen der Berliner Zoologische Garten (Ehrensache!) eine besonders große Anzahl und Artenvielfalt vorweisen kann.

Und später dann, als meine Freundinnen ihre Laufbahn als Backfisch begannen und sich vornehmlich auf Hechte, Hirsche und andere Böcke kaprizierten, mußten es bei mir schon Typen mit einer spezifisch ›bärigen‹ Ausstrahlung sein, wenn Sie wissen, was ich meine. Da mir als gelernter Modedesignerin eine gewisse Handfertigkeit und Kreativität nicht fremd ist, fing ich, inspiriert von einer Freundin, die ›Chefärztin‹ einer Bären-Klinik ist

Ganz entzückend sind die kleinen Bären von Susanne Grosser, wie ›Baby‹. Obwohl der Teddy nur gerade mal 9 cm mißt, besitzt er alle Vorzüge, die einen in Handarbeit gefertigten Künstlerbären auszeichnen: feinstes Mohairfell, Scheibengelenke, Glasaugen und gestickte Nase.

›Ricardo‹, ein 10 cm großer Teddy aus der ›Ursa minor‹-Clique von Susanne Grosser. Daß Vögel seine Freunde sind, zeigt, wie sanft und vertrauenswürdig er ist. ›Ricardo‹ trägt ein Goldlederband mit Glöckchen.

und ebenfalls Teddys fertigt, 1990 mit einer eigenen Manufaktur an (Motto: Meine Bären mache ich mir selbst).

Diese ersten Versuche haben mir so viel Spaß gemacht und waren außerdem zuerst in Freundes-, später auch in Sammlerkreisen so erfolgreich, daß ich jetzt bei der Nachfrage der Produktion kaum noch Frau werde.

Ich fertige meinen ›Ursa minor‹ – meinen kleinen Bären – in der Normalgröße von 8 bis 18 Zentimeter nach eigenen Schnitten. Kopf, Arme und Beine sind beweglich. Alle Bären sind echte Persönlichkeiten. Ihr Charakter wird noch akzentuiert durch typisierende Accessoires wie Kragen, Filzblüten, Halskrausen, Schleifen oder Bekleidung auf Wunsch: Matrosen- oder Reisegarnitur, Schulranzen, Lederhose oder ähnliches, alles ebenfalls in liebevoller Klein- oder Handarbeit gefertigt.«

Grosser-Bären tragen auf dem Rücken befestigt einen kleinen Messing-Anhänger, darin eingraviert ›Handmade by Susanne Grosser »Ursa minor«‹. Sie können nur direkt bestellt werden.

Heike Gumpp, Puppen- und Teddy-Macherin

Billtalstraße 2, 65843 Sulzbach/Taunus,
Tel. 0 61 96/7 30 08, Fax 0 61 96/7 47 81

Eigentlich stellt Heike Gumpp Künstlerpuppen aus Porzellan her. Ihre Sammelleidenschaft für alte Bären brachte sie jedoch auf die Idee, selber Teddys zu entwerfen. Seit 1987 werden von ihr Bären in liebevoller Handarbeit aus Mohair und anderen Naturstoffen wie Kaschmir und Lamahaar hergestellt. Charakteristisch für die Petze von Heike Gumpp sind die langen Arme, die großen Füße und ein kleiner Buckel. Die Bärenschnauzen werden von Hand gestickt oder aus Siegellack geformt. Schwarze und

Eine Teddy-Sammlerin wurde zur Bärenmacherin, als die antiken Petze zu teuer wurden. Hier ein Bär auf Rädern von 1910 und zwei neuere Vertreter ihrer Zunft, gefertigt aus Lamahaar.

weiße Teddys mit Lederpfoten haben einen Lieblingsplatz unter den Bären, die von Heike Gumpp in die eigene Sammlung eingereiht werden.

Der kleinste von Heike Gumpp bisher hergestellte Petz mißt gerade 10 Zentimeter. Sein größter Gegenspieler erreicht immerhin stolze 75 Zentimeter. Alle Bären sind voll beweglich, also an Kopf, Armen und Beinen drehbar. Als Gelenke dienen Papp- oder Holzscheiben, die durch einen Splint fest miteinander verbunden sind. Jeder einzelne Bär wird numeriert und erhält ein Zertifikat über seine Herkunft. Seit 1990 arbeitet Heike Gumpp an einer besonderen Serie mit Sport-Teddys, limitiert auf jeweils 25 Stück. Bis jetzt tummeln sich auf dem Sammlermarkt der Golfspieler, das Tennismädchen und ein Profiboxer (siehe Seiten 154/155).

Die Bären von Heike Gumpp erreicht man über die Herstellerin persönlich oder über gute Teddy-Geschäfte.

›Steppke‹, zwei reiselustige Bärenfreunde mit feinen Schleifen. Sie sind nur 17 cm groß und passen bequem in jede Reisetasche. Die Teddys wurden in einer limitierten Auflage von 3000 Stück von Haida gefertigt.

Johanna Haida Teddy Bears

Cuno-Hoffmeister-Straße 5, 96515 Sonneberg,
Tel. 0 36 75/80 53 91, Fax 0 36 75/80 53 94

»Wir sind keine Teddykünstler, sondern nur ein ganz normaler Sonneberger Traditionsbetrieb.« So beschreibt das Unternehmen seinen Standort in der Welt der Teddybären. Wer die Haida-Teddys betrachtet, merkt jedoch sofort, daß sie der guten, alten Klassiker-Generation angehören und sich in allerbesten Bären- und Sammlerkreisen sehen lassen können. Und so finden sie nicht nur bei uns, sondern vor allem auch in Amerika, der Hochburg der Teddyfreunde, ihre Liebhaber.

Angefangen hatte alles in einem kleinen Bergdorf des Thüringer Waldes nahe der Spielzeugstadt Sonneberg in der Blütezeit der Spielzeugherstellung mit Martha Müller. Geboren 1906, mußte auch sie schon bald – damals in der Gegend üblich – als Kind in der hausindustriellen

›Jester‹, ein Clown im bunten Pelz und mit hübscher Halskrause, zu allerlei Späßen aufgelegt. Am Fuß trägt er ein kleines Glöckchen, damit niemand seinen Auftritt überhört. Der originelle Sammler-Teddy ist 30 cm groß und wurde in einer limitierten Auflage von 2000 Stück von Haida hergestellt.

Spielzeugfertigung mitarbeiten. Wenn die großen Sonneberger Spielwarenkaufleute von den Messen neue Aufträge mitbrachten, wurden für den Export in die ganze Welt, hauptsächlich aber für Amerika, Christbaumschmuck, Puppen und vor allem Teddybären hergestellt. In der unruhigen Zeit zu Anfang des 20. Jahrhunderts, die durch Krieg und Wirtschaftskrise geprägt war, halfen vor allem auch die Teddybären Martha Müllers bescheidene Existenz zu sichern. Nach der Teilung Deutschlands ging es mit der Spielzeugherstellung in Thüringen bergab. 1957 entschloß sich Martha Müller, mit ihrer kleinen Tochter Johanna Haida in den Westen zu fliehen. Martha Müller verstarb 1987. Als ihre Tochter Johanna Haida in der Hinterlassenschaft ihrer Mutter alte Original-Teddybären-Schnitte fand, erwiesen sich diese als wertvolle Grundlage für die noch im gleichen Jahr gegründete Firma. Nach den Schnittvorlagen entstanden die in Gestalt und Verarbeitung einzigartigen Johanna-Haida-Teddybären, liebe und lustige Kerle, mit Schleifen im Schotten-Karo fein herausgeputzt oder putzig im Clownskostüm mit Halskrausen, Schellen, Hütchen und anderen originellen Accessoires. Alle Haida-Teddys sind in Handarbeit ausschließlich aus natürlichen Materialien, z. B. hochwertigem Mohairplüsch, gefertigt, mit Scheibengelenken und Glasaugen ausgestattet und mit Holzwolle gestopft. Man findet sie im guten Fachhandel.

Johann Hermann

Neufang/Thüringen (besteht nicht mehr)

Im Haus Nr. 76 des kleinen Bergdorfes Neufang nahe der thüringischen Spielzeugstadt Sonneberg lebte seit den achtziger Jahren des vorigen Jahrhunderts Johann Hermann (1854–1919) mit seiner Ehefrau Rosalie (1867–1933). Wie die meisten Bewohner dieser Gegend stellten sie in Heimarbeit einfaches Holzspielzeug her, anfangs vor allem im Auftrag der Großhändler, die damals schon den Weltmarkt belieferten. Johann Hermann machte sich bald einen Namen als Produzent von Kindergeigen, für die er Firmen in ganz Thüringen als Abnehmer gewinnen konnte; andere bot er selber auf den Märkten der Umgebung feil.

Sechs Kinder bekamen die Hermanns: Bernhard, Adelheid, Arthur, Max, Ottilie und Ida. Jedes von ihnen mußte, noch ehe es das Abc erlernte, fleißig mithelfen in der elterlichen Werkstatt. Die vier ältesten schrieben, jeder für sich, ein Stück Teddy-Geschichte, die hier in Neufang begann. Aus der noch unter väterlichem Namen firmierenden Spielwarenfabrik Johann Hermann wurden ab 1913 von Arthur, Adelheid und Max neben weichgestopften Plüsch-, Samt- und Filztieren sowie Puppen und Karikaturen auch schon ›Bessere-Genre-Teddy-Bären‹ offeriert.

TEDDY Hermann GmbH

Amlingstadter Straße 6, 96114 Hirschaid,
Tel. 0 95 43/91 61-62, Fax 0 95 43/91 63

Die heute bei Bamberg angesiedelte Fabrik ist eine Gründung von Bernhard Hermann, dem ältesten Sohn aus der

Sonderbär für Hamley's, London, mit Miniaturbär, beide aus dem Hause Teddy Hermann, Hirschaid.

Neufanger Teddyfabrikanten-Familie. Er absolvierte eine kaufmännische Lehre und kehrte für einige Jahre in den väterlichen Betrieb zurück. 1912 heiratete er Ida Jäger, die Tochter eines Maurermeisters, und zog mit ihr bald in die nahe gelegene Stadt Sonneberg, wo er einen eigenen Betrieb gründete, der Anfang der 20er Jahre als ›Puppenfabrik und Export‹ im örtlichen Adreßbuch firmierte. Aus seinen Initialen entwickelte er das erste Markenzeichen ›BE HA‹.

Puppen und vor allem Teddybären wurden in der Fabrik gefertigt. Ein Großteil davon ging in den Export. Denn für die großen amerikanischen Handelshäuser, die in Sonneberg eigene Niederlassungen unterhielten, erwiesen sich die BE HA-Artikel als eine Ware, die den Publikumsgeschmack der Neuen Welt traf. So lieferte Bernhard Hermann auf Scheiben gearbeitete Teddys in Kurzhaar-, Langhaar- und Zottelplüsch, mit Druck- oder Brummstimme, zwischen 10 und 80 Zentimeter groß. In den 20er Jahren brachte er den Teddy mit ›lenkbarem

Mit künstlerischen Ambitionen: der Malerbär ›Pierre‹ vom Montmartre. Der 40 cm große Teddy im originellen Outfit und mit Brummstimme entstand bei Teddy Hermann in einer Auflage von 1000 Stück. Die beiden Söhne ›Fritz‹ (25 cm) und ›Franz‹ (30 cm) zeigen sich als gelehrige Schüler.

›Geburtstags-Charlie‹, von Teddy Hermann aus feinem Mohair und festlich gekleidet.

Teddy
ORIGINAL

Nostalgie-Teddy-Schule, ein Hit von Teddy Hermann.

Kopf« heraus, ein Gag, der sich über eine Mechanik vom drehbaren Stummelschwanz in Gang setzen ließ. Deren Größe betrug zwischen 30 und 60 Zentimeter. Ein Schlager wurden auch die Jungbären mit Schielaugen, Brummstimme und Schnuller im Maul. In vier Größen zwischen 32 und 34 Zentimetern waren sie aus Wollplüsch, weichgestopft mit Watte und Holzwolle. Außerdem tauchten in den Katalogen dieser Jahre Lauf- und Autopuppen auf, Revuegirls, Möpse, Bullys und andere Hunde sowie eine Pilotenpuppe, die in die Luft geschossen werden konnte und dann am Fallschirm herabsank.

Vier Söhne hatte das Ehepaar Hermann, von denen der jüngste, Horst, 1937 im Alter von 18 Jahren starb. Helmut, Artur und Werner absolvierten die renommierte Handels- und Industrieschule Sonneberg, Werner ging anschließend noch auf die Kunstakademie München, studierte dort Zeichnen und Modellieren. So war die Firma bestens gerüstet für die Zukunft, als der Zweite Weltkrieg und die sowjetischen Besatzungstruppen in Sonneberg die Fabrikation schließlich ganz zum Erliegen brachten. Kurzentschlossen verlegten Bernhard Hermann und die drei Söhne 1948 ihre Firma auf die bayerische Seite der Zonengrenze und begannen in Hirschaid bei Bamberg den Neuanfang.

Mit diesem Umzug startete der Familienbetrieb den Aufstieg in die Spitzengruppe der Plüschtierproduzenten. Bald waren auch die internationalen Kontakte neu geknüpft. Als sich der Firmengründer 1951 zur Ruhe setzte, wurde die Firma auf die Söhne übertragen. In dem schnell auf über 200 Mitarbeiter angewachsenen Betrieb übernahm Arthur den kaufmännischen Bereich, Werner wurde für Design und mustergetreue Ausführung verantwortlich, und Helmut war bis zu seinem Tod 1985 für Export und innerbetriebliche Aufgaben zuständig.

Heute umfaßt die Teddy-Kollektion über 420 Plüschspieltiere in den unterschiedlichsten Formen, Farben und Ausführungen. Rund 1000 Exemplare werden täglich hergestellt; alle von Hand gearbeitet und stets mit höchst individueller Ausprägung. Seit der Firmengründung in Sonneberg verschwand der Nostalgieteddy nie aus dem Sortiment. Er ist bis heute unverändert aus reinem Mohairplüsch, mit Holzwolle gefüllt und auf Scheiben gearbeitet. In dieser Nostalgieserie werden einige Sonderausführungen in limitierter Auflage bis höchstens 4000 Exemplare hergestellt. Alle sind fünffach beweglich, ihre Nasen wie früher handgestickt. Ab 30 Zentimeter Größe haben sie eine Brummstimme.

Die moderneren Petze folgen eher den Gesetzen der Serie. Ihre Schnauzen sind zum Teil aus andersfarbigem Stoff. Woll- und Nerzplüsch sowie Biberwebpelz sind die bevorzugten Materialien. Alle Bären tragen das seit 1942

Die Wiedervereinigung war für die Plüschtierhersteller im Coburger Raum von besonderer Bedeutung, so auch für Teddy Hermann, wo man einen Bären mit dem historischen Datum 3. Oktober 1990 auf der linken Fußsohle in 4000 numerierten Exemplaren herausbrachte.

unveränderte rot-goldene Markenzeichen mit ›Hermann Teddy original‹. Daraus reizen zum Sammeln eine Teddy-Schule mit Lehrer hinter dem Stehpult und braven, unterschiedlich angezogenen Schülern mit Ranzen und Schultüte, oder der ›Marionettenspieler‹, der, selber Bär, einen Teddy an Fäden tanzen läßt. Ganz bayerisch gibt sich ›Xaver‹ mit Lederhose, Charivari, Lederhut mit Gamsbart. Dagegen wirkt ›Bonnie‹ – ein Bärenmädchen der Designerin Bonnie Windel – mit Strohhut entzückend unschuldig. Für Abwechslung im Alltag eines Teddys sorgt eine Modekollektion oder ein Service mit Bärendekor für lauschige Kaffeestündchen. Zur Erinnerung an die Sonneberger Heimat erschien auch bei den Hirschaider Bärenmachern zur Wiedervereinigung ein ›Teddy zur deutschen Einheit‹, limitiert auf 4000 Stück.

Johann Hermann Nachf. – Inhaber Arthur Hermann

zuletzt München (besteht nicht mehr)

Die Geschichte begann am 24. Oktober 1913. Arthur Hermann hatte an der ›Arbeitstafel‹ seines späteren Schwiegervaters Ernst Siegel das komplizierte, aufwendige Herstellen von Plüschbären erlernt. Sie waren wie kein anderes Spielzeug gefragt von den amerikanischen Einkäufern in Sonneberg. So sah Arthur Hermann hier eine Chance. Im elterlichen Haus in Neufang, wo bisher ausschließlich Holzspielzeug gefertigt worden war, begann er zusammen mit Schwester Adelheid und Bruder Max die Produktion von Teddybären. Der Jungunternehmer war gerade 19 Jahre alt, und sein Betriebskapital betrug, wie er Jahrzehnte später einer Schwägerin beichtete, ganze 66 Mark. »Uns konnte nur die Arbeit retten«, beschrieb er diese ersten, harten Wochen, in denen die Geschwister nicht selten bis zu mitternächtlicher Stunde am Arbeitstisch in der kleinen Dachkammer anzutreffen waren. Die gleichbleibende Qualität ihrer Produkte hatte bald die Verleger und Exporteure überzeugt, in Neufang trafen die ersten vielversprechenden Aufträge ein.

Doch das Glück war von kurzer Dauer. Der Erste Weltkrieg begann, die internationalen Geschäftsbeziehungen brachen zusammen. Arthur Hermann mußte zum Militär. Max wurde dienstverpflichtet in einen militärisch wichtigen Betrieb und konnte mit Schwester Adelheids Hilfe nur noch nachts und am Sonntag Teddys produzieren, die immer noch unter dem väterlichen Firmennamen vertrieben wurden. 1916 reichte das Material gerade noch, um ›Eskimo- und Mantelpuppen‹ herzustellen. Doch am Jahresende mußte Max seinem Bruder schreiben: »Jetzt geht es auch mir an den Kragen.« – Er wurde eingezogen.

Der Betrieb ruhte. 1919, die Söhne waren heimgekehrt, starb Senior-Chef Johann Hermann. Arthur siedelte in die Spielzeug-Metropole um und ließ seinen Betrieb unter dem Namen ›Johann Hermann Nachf. Inh. Arthur Hermann, Sonneberg‹ eintragen als ›Teddybären-Spezialfabrik‹. Nach einer Produktausweitung wurde sie umbenannt in ›Fabrik feiner Plüschspielwaren‹. Es wurden viele Teddys und andere Tiere auf Rollen gebaut, die beim Ziehen verschiedene Laute von sich gaben. Plüschtiere mit Stimme wurden eine Spezialität der Firma.

Arthur Hermann siedelte 1940 nach München über. Als Neuheiten kamen 1950 noch der aus der Flasche nuckelnde Baby-Bär ›Drolly‹ hinzu sowie eine Generation höchst biegsamer Plüschtiere, die in jede Position gebracht werden konnten. Unter ihnen war auch ein Bär ›Puck‹. Sie wurden bereits unter dem neuen Firmenlogo ›Rex‹ vertrieben.

Im Jahr 1954 verkaufte Arthur Hermann seinen Betrieb an die Münchner Spielzeugfirma Anker, die jedoch später aufgelöst wurde. Ehe sich der Unternehmer aus Sonneberg ganz zur Ruhe setzte, widmete er sich seinem ›Haus des Kindes‹, einem Spezialgeschäft, das er am Münchner Rathaus gegründet hatte.

Hermann Spielwaren GmbH

Im Grund 9–11, 96450 Coburg-Cortendorf,
Tel. 0 95 61/8 59 00, Fax 0 95 61/85 90 30

»Jedes Lehrmädchen, das in die Firma eintrat, wurde als erstes in die Kunst des formgerechten Schleifenbindens eingewiesen«, heißt es in einer Firmenchronik. Große Schleifen in unterschiedlichen Farbkombinationen wur-

Prachtteddys aus den 20er Jahren auf einer alten Katalogseite von Max Hermann, Sonneberg. Die Bären standen Modell für den Sammler-Teddy zum Tag der deutschen Einheit des heute in Coburg ansässigen Unternehmens.

den so etwas wie ein Markenzeichen der Teddys aus dem Haus Hermann-Spielwaren, heute in Coburg angesiedelt. Eingeführt hatte sie Senior-Chefin Hilde Hermann, die mit Ehemann Max Anfang der 20er Jahre in Neufang eine eigene Produktion aufzog. Dieser jüngste der Hermann-Brüder machte bereits als 14jähriger seine ersten Teddys, damals noch zusammen mit Bruder Arthur und Schwester Adelheid, die 1919 Hermann Baumann heiratete, mit ihm einen kleinen Heimarbeiterbetrieb führte und deren Sohn Franz wiederum Mitbegründer der Baki-Plüschwarenfabrik wurde. Max blieb im Neufanger Elternhaus, als die Geschwister fortgezogen waren, und belieferte von hier aus die Sonneberger Verleger. Mit Hilde Stammberger, die er 1921 heiratete, fand er eine Frau, die nicht nur aus der Branche stammte, sondern auch eine kaufmännische Ausbildung hatte. Beide erkannten schnell, daß den geschäftlichen Erfolg nur ein eigener Vertrieb bringen konnte, Voraussetzung hierfür aber war ein ständiger Kontakt mit den Exporteuren. So siedelte das Paar 1923 mit dem im Jahr zuvor geborenen Sohn Rolf-Gerhard nach Sonneberg um. Ihre Fabrikmarke ›MAHESO‹, eingedruckt auf einem stilisierten doppelspitzigen Kreisel, setzte sich schnell durch. Anfang der 30er

Jahre wurde dieses Zeichen abgelöst durch den ›Bären mit dem laufenden Hund‹, der in abgewandelter Form bis heute für die Hermann-Spielwaren steht.

Für die Fabrikation verwendet wurden hochwertige Mohairplüsche in verschiedenen Florlängen und bevorzugt in Goldtönen. Bis 35 Zentimeter Größe waren Arme und Beine mit Draht befestigt (dazu Druckstimme), ab 40 Zentimeter wurden die Gelenke auf Scheiben gearbeitet und eine selbständige Brummstimme eingebaut. Der größte Teil der Produktion ging in den Export, bis 1929 vor allem nach England, daneben Nord- und Südamerika sowie später in die skandinavischen Länder. Nach 1933 orientierte sich Max Hermann verstärkt auf den Inlandsmarkt, was das Überleben im Zweiten Weltkrieg erleichterte. Doch Mangel an Arbeitskräften und Material beschränkten die Produktion zusehends. Schließlich konnten Teddys nur noch als Einzelstücke geliefert werden, wenn die Kunden hierfür entsprechenden Stoff lieferten. Dieses System wurde nach 1945 noch weiter ausgebaut, denn Stoffe gab es damals nur für den Export. Mit einem dünnen, kaum behaarten Kunstseidenplüsch konnte Max Hermann bereits den ersten Auslandsauftrag ausführen, die Teddys gingen nach Venezuela.

Das Vorbild für die Jubiläumsbären von 1990 lieferte ein Katalogblatt von Max Hermann mit der Serie 111 aus den 20er Jahren.

Rolf-G. Hermann trat am 1. Juli 1947 als Junior-Partner in den väterlichen Betrieb ein. Um das Geschäft mit den westlichen Partnern zu vereinfachen, wurde bereits am 1. Mai 1949 im bayerischen Coburg die Firma Hermann & Co. KG gegründet, die vor allem von Sonneberg aus verwaltet und beliefert wurde. Die politischen Verhältnisse in Thüringen entwickelten sich jedoch so nega-

tiv, daß Familie Hermann am 27. Februar 1953 ganz nach Coburg übersiedelte. Hier entstand in wenigen Jahren ein Betrieb mit Weltgeltung. Heute führen die Gründerenkel Martin J. Hermann und Dr. Ursula Hermann in dritter Generation das Unternehmen fort.

Darin hält der historische alte Hermann-Teddybär seinen Stammplatz. Er wird wie in den 20er Jahren aus Mohairplüsch und auf Scheiben gearbeitet, mit drehbaren Armen, Beinen und Kopf, mit Holzwolle gestopft und mit tiefer Brummstimme. Mit dem Manager-Bär wurde 1985 erfolgreich ein erster Schritt zu neuen Sammlerbären mit limitierter Auflage begonnen. Ab 1991 wurde das Sammler-Sortiment systematisch erweitert. Etwa 350 verschiedene Teddy-Typen zählen heute dazu. Jährlich kommen etwa 50 bis 80 neue hinzu. Auslaufende Limitierungen werden aus dem Programm genommen. Der Umfang der Editionen liegt in der Regel zwischen 500 bis 3000 Stück, wie beim ›Old German Teddy Bear‹ von 1991. Von einigen Bären wurden nur 100 Stück gefertigt, wie vom verhüllten Reichtags-Teddybär von 1995. Sammlerstücke erhalten ein Zertifikat mit Nummer, so auch der ›Raritäten-Bär‹, der ›Sonneberger Kirmesbär‹ und der ›Nachkriegsbär‹ von 1995. Diese Teddys fertigte das Haus Hermann aus Kunstseidenplüsch, wie er in den 50er Jahren unter Teddys Mode war. Die Sammler waren begeistert. Zu einem absoluten Star avancierte 1996 der ›Internet-Bär‹; er errang 1997 in Washington einen ›Golden Teddy Award‹. Großen Anklang findet auch der ›Spielzeugstraßen-Bär‹ von 1997, benannt nach dem alten Handelsweg der Spielzeugmacher von Nürnberg über Coburg, Neustadt, Sonneberg bis Waltershausen in Thüringen. Interessenten erhalten Informationen dazu über Deutsche Spielzeugstraße e.V., Industrie- und Handelskammer Coburg, Schloßplatz 5, 96450 Coburg, Tel. 0 95 61/74 26 11.

Weitere Serien von Sammlerbären werden von Hermann zu bestimmten Themen kreiert, wie die Ritter der Tafelrunde (S. 231), Akteure aus der Nußknacker-Suite von Tschaikowski, Robin Hood oder der Woodstock-Bär mit Flower Girl und Hippie Baby. Hermann-Bären gibt es nur in ausgesuchten Spielzeuggeschäften und Teddy-Shops.

Hermanns erster Internet-Bär mit kleiner Handspielmaus, limitiert auf 250 Stück, wurde mit einem ›Golden Teddy Award 1997‹ ausgezeichnet.

Deutscher Spielzeugstraßen-Bär von 1997 mit Holzkreisel und Kreiselpeitsche, den Kennzeichen der alten Spielzeug-Handelsstraße. Er ist auf 1000 Stück limitiert und brummt auch, ein Sammler-Bär von Hermann.

HEUNEC-Plüschspielwarenfabrik GmbH & Co. KG

Am Moos 11/Mörikestraße 2 + 6, 96465 Neustadt bei Coburg, Tel. 0 95 68/8 55-0, Fax 0 95 68/8 55 85

Auch dieser Plüschspielwaren-Hersteller stammt aus der thüringischen Spielzeugstadt Sonneberg. Dort begann er 1891 in bescheidenem Rahmen als Verleger. Hugo Heubach sammelte und verkaufte die Erzeugnisse einiger weniger Heimarbeiterfamilien, produzierte also noch nicht selbst. Wie die gesamte Spielzeugindustrie in der DDR wurde auch dieses Unternehmen 1950 verstaatlicht. Hugo Heubach gelang die Übersiedlung in die Bundesrepublik. 1952 wagte er in Neustadt bei Coburg unter dem Firmenzeichen ›Heunec‹ (die erste Silbe steht für Heubach, die zweite für Neustadt/Coburg) einen neuen Start, wieder als kleiner Verlegerbetrieb. Denn zu jener Zeit wurde in der Coburger Gegend noch in fast jedem Haus irgendein Spielzeug, eine Puppe oder ein Teddy gefertigt.

Mit einer eigenen kleinen Plüschtierfabrikation verschaffte sich der Verleger ein zweites geschäftliches Standbein. Aus diesem Zwei-Mann-Betrieb von damals wurde alleine in Neustadt eine Firma mit 150 Mitarbeitern. Seit den 70er Jahren entstanden zudem in der Schweiz, auf Mauritius und in Asien zwei weitere Produktionsstätten für Plüschtiere. Das Angebot bei Heunec umfaßt derzeit etwa 800 Tiere, darunter zahlreiche Teddys. Denn »der Teddybär ist unabhängig von Mode und Trend der beste Artikel in einer Plüschtier-Kollektion«, so die Chefin Barbara Fehn-Dransfeld. Heunec produziert Teddys und andere Plüschtiere nach der Firmenphilosophie, die Ware zu günstigen Preisen und trotzdem von guter Qualität zu liefern; schließlich solle jedes Kind einen Teddy als erstes Plüschspielzeug erhalten.

Den klassischen Vertreter seiner Zunft wird man im Heunec-Katalog vergeblich suchen. Dafür findet sich jedoch eine stattliche Sammlung origineller bäriger Typen, bekleidet oder ›naturalistisch‹ im eigenen Plüschfell in

Besonders beliebt bei Heunec: Teddys in der Geschenkbox, wie hier das hübsch gekleidete Bärenmädchen. Dazu gibt es auch einen passenden Buben.

vielen Arten. Die Bärengarde ist ganz besonders knuddelig, weil als Spieltiere entwickelt. Diese Schmusetypen gibt es hinauf bis zur Sofagröße. Zu Publikumslieblingen besonderer Art entwickelten sich Bären in Geschenkbox. Die Heunec-Bären trifft man am häufigsten in Fachgeschäften, in den Spielzeugabteilungen der Warenhäuser und im Versandhandel.

Gisela Hofmann, Teddybären-Macherin

Theaterstraße 16, 37073 Göttingen, Tel. 0551/4 80 11, Fax 0551/4 42 70

Wie manche Kollegin wurde auch Gisela Hofmann, von Beruf Graphikerin, von ihren Teddys dermaßen um deren Pfoten gewickelt, daß ihr nichts anderes übrigblieb, als selber Bären-Macherin zu werden. Die Voraussetzungen hierfür waren vorhanden: handwerkliches Geschick, Bärenliebe und Kreativität. Seit einigen Jahren verlassen markante Typen ihre Werkstatt, so daß sich die Hofmannsche Bären-Bande ständig erweitert. Ihr absolutes Vorbild ist der gute alte Teddy, kurz, das Ideal eines Plüschbären schlechthin. Manche aus ihrer Kreation sind jedoch so frei, sich kleine Extravaganzen zu leisten, ein dunkelrotes Mohairplüschfell beispielsweise, das zum Indianerbären gehört. Dieser trägt auch ein Stirn-

Zwei Hofmann-Teddys aus der sigikid-Kollektion von 1995: ›Jasper‹ und ›Tramp‹ mit ihrer Schöpferin.

Ganz im Trend liegen auch Gisela Hofmanns natürliche Bären, wie dieser 60 cm lange knuddelige, weiche Eisbär.

band mit Federn und den Lendenschurz aus echtem Leder, wie es sich für eine zünftige Rothaut gehört. Raufbold der Gruppe dürfte ein maisgelber Zottelteddy sein, der sich mit weißem Brustfell und weißen Ohren präsentiert. Aus dem Bilderbuch ›Was drei kleine Bären im Walde erlebten‹ von Margarete Thiele, 1923 erschienen, stammt der Entwurf zu ›Goldbäckchen‹ – eine Sammlerin hatte sich diesen Teddy gewünscht. Um auch andere Bärenfreunde zu Kreativität anzuspornen, veranstaltet die Mutter von vier Kindern in Göttingen spezielle Teddy-Kurse. Außerdem gab sie das Buch ›Teddybären selbermachen‹ heraus.

Seit 1994 entwirft und fertigt Gisela Hofmann exklusiv für sigikid eine eigene Kollektion, die auf 100 bis 300 Stück limitiert ist. Dazu gehören klassische Teddys der liebenswertesten Art wie ›Justin‹ im Matrosenanzug oder ›Kasbärle‹ mit Zipfelmütze. Höhepunkt ihrer bisherigen Bärenmacher-Karriere war 1994 die Verleihung des Toby Award in Orlando, USA, an ›Bess‹ aus der sigikid-Kollektion. Er begeisterte durch liebenswerte Ausstrahlung sowie handwerkliche und künstlerische Qualität. Hofmann-Teddys gibt es im gehobenen Teddybärenhandel und über die Künstlerin.

Konstanze Holm, ›Der Brummbär‹

Postfach 1145, 29699 Bomlitz, Tel. 0 51 97/3 33,
Fax 0 51 97/3 23

Das Sammeln und die intensive Beschäftigung mit Teddybären brachten auch Konstanze Holm eines Tages dazu, selber zu Schere, Nadel und Faden zu greifen und eine eigene Serie von Unikaten in die Welt zu setzen. Ihre Brummbären, angeführt von Antony, den Alois, Arthur, Alfons und Archi begleiten, sind handfeste, rustikale Gesellen, die auch im täglichen Leben ihren Bären stehen. Antony ist mit einer zünftigen Hose mit Hosenträgern bekleidet. Bis auf Klein-Archi, der ein braves Krägelchen trägt, aber keinesfalls schüchtern wirkt, zeigen sich die anderen nach guter Teddy-Tradition nur mit Schleife.

Selbstverständlich sind die Bären in echter ›Pfotenarbeit‹ entstanden, aus hundertprozentigem Mohair, mit Glasaugen und Brummstimme, beweglich an Kopf und Gliedern. Die Auflage wurde auf jeweils 20 Exemplare

Klein Archi ist die Nummer eins im Programm der Brummbär-Produktion von Konstanze Holm. Die Namen seiner Brüder beginnen alle mit A.

limitiert. Nummer und Namen trägt jeder Teddy unter seinen filzigen Fußsohlen, dazu das Firmenlogo ›Brummbär‹.

Konstanze Holm vertreibt ihre Brummbären selbst, hat aber zusätzlich eine ganze Reihe anderer Replikate und Künstler-Bären in ihrem Programm (siehe Seite 188).

Elke Kraus, Teddy-Macherin

Ruffinistraße 13/11, 80637 München, Tel. u.
Fax 0 89/16 45 55

Als Kriegskind geboren mit der unerfüllten Sehnsucht nach Spielsachen, wurde Elke Kraus im Erwachsenenalter zur Sammlerin von Puppenstuben, Automaten, Spielzeug aller Art und vor allem von Teddybären. Daß ihnen ihre besondere Liebe gehörte, wurde der Sammlerin erst in diesen Jahren klar. Viele Teddys, die sie auf Flohmärkten fand, waren abgespielt und befanden sich zum Teil in einem erbarmungswürdigen Zustand. So konnte Elke Kraus, damals noch den braven Beruf einer Kontoristin ausübend, gar nicht anders, als sich dieser Teddy-Oldies anzunehmen und sie zu reparieren. Eine Bären-Klinik entstand aus dieser Notwendigkeit. Und mit dem daraus erworbenen reichen Wissen auch um das Innenleben dieser Schmusefreunde, wagte sie sich an ihren ersten selbstgenähten Plüschbären. Das war vor einigen Jahren. Ihr neues Metier blieb der Nachbarschaft nicht lange verborgen. Und in ihrem Bekanntenkreis mehrten sich die Interessenten, die einen ihrer Petze erstehen wollten.

Das ist verständlich. Denn konsequent pflegte sie ihren eigenen Stil, der mit handwerklicher Präzision umgesetzt wurde. Unter ihren Kreationen sind Clowns und Matrosen, ein Schornsteinfeger und ein bayerisches Original, das sich ab und zu davonstiehlt und im Biergarten aufgegriffen wird. Ein kokettes, langhaariges Teddy-Mädchen mit Schleife am Ohr zählt dazu wie ein dunkler Brummbär mit unergründlichem Blick. Dem alten, braven Bärentypen, wie ihn sich Elke Kraus in Kindertagen erträumt hatte, ist sie treu geblieben. Und sie sorgt mit sicherem, modischem Geschmack dafür, daß ihre Mannschaft nicht ›overdressed‹ ist. Ein Hut, ein Kragen, eine

International bekannt ist Elke Kraus. Die Münchnerin kümmert sich nicht nur um kranke Teddys, sondern macht auch selbst recht urige Bären.

Kappe oder ein Lätzchen – dies reicht aus, um die Individualität eines jeden Zottelbären zu unterstreichen. Längst haben die Exponate der ersten Münchner Teddy-Macherin einen Namen in internationalen Sammlerkreisen und finden auch über Ausstellungen neue Besitzer.

Elke Kraus näht ihre Teddys per Hand aus Mohairplüsch. Sie sind nach alter Tradition mit Holzwolle gestopft. Jeder besitzt eine kleine ›Geburtsurkunde‹ mit Namen, Geburtsstunde und natürlich dem Namen seiner Schöpferin.

Käthe Kruse Puppen GmbH

Alte Augsburger Straße 9, 86609 Donauwörth,
Tel. 09 06/70 67 80, Fax 09 06/7 06 78 70

Käthe Kruse wurde weltberühmt durch ihre kindgerechten Puppen. Weniger bekannt ist, daß sich mit dem Namen dieser Puppenkünstlerin auch Plüschtiere verbinden, und das bereits seit zwanzig Jahren. Allerdings wurden in der illustren Puppengesellschaft zuerst nur

Katzen und Teddys zugelassen; etwas später schmeichelte sich ein Hund in Donauwörth ein. Die Gruppe hat sich bis heute kaum erweitert.

Eingeführt wurden die Plüschtiere von Anne Adler-Kruse, Tochter und Nachfolgerin der Firmengründerin. Zwar war der Markt mit Bären übersät, doch es fehlte an Plüschspielzeugen für Babys und Kleinkinder, die richtig knuddelig waren, sich weich und gut anfühlten, hauptsächlich aus Naturmaterialien gefertigt waren und unbesorgt mit ins Bett genommen werden konnten. Solche Tag-und-Nacht-Begleiter (es kann sich dabei auch um eine einfache Decke handeln) sind wichtig für die frühkindliche Entwicklung. Psychologen weisen zudem darauf hin, daß eine frühkindliche Beziehung zum Plüschbären sich durchaus in jener Leidenschaft widerspiegelt, die der erwachsene Teddy-Sammler für seine Schätze entwickelt.

In den Kruse-Werken war man von Anfang an auf pädagogisch sinnvolles Spielzeug spezialisiert. Und so entstand dort ein Teddy mit kindlich-naivem Ausdruck, hervorgerufen durch Knopfaugen und -nase, eingebettet in kuscheligem Langhaarmohair. Heute ist er aus Baumwolle und Acryl (gut waschbar). Längst sprechen Kruse-

Kuschelige Kinderfreunde sind die langhaarigen Teddys von Käthe Kruse. Zwei Knöpfe für die Augen, einer für die Nase reichen aus für ein drolliges Bärengesicht.

Bären nicht nur kleine, sondern auch große Kinder an, zumal sie in jeder Lage possierlich wirken. Alle Gliedmaßen sind einzeln gestopft und schlenkern frei. Die Arme sind lang genug zum Liebhalten. Jeder Teddy besitzt einen kleinen Po, sitzt daher auch ohne Rückenlehne noch gut. Diese Plüschtiere gibt es in 22, 45 und 53 Zentimetern und in fünf Farben, von Karamel über Silber- bis Dunkelbraun.

Wer ins Stammhaus der Firma nach Donauwörth kommt, kann die Teddys in ihrer heimatlichen Umgebung im dortigen Museum kennenlernen. Sonst findet man sie im Fachhandel für gehobenes Spielzeug. Da die Kinder der Familie Adler-Kruse andere Berufs- und Lebenswege wählten, mußte die Nachfolge geregelt werden. Am 1. April 1990 wurden die Käthe-Kruse-Werkstätten an Stephen und Andrea Christenson sowie die Familie des Fürsten zu Castell-Castell übergeben. Ganz im Sinne des Erbes von Käthe Kruse und ihres hohen Anspruchs an kindgerechtes Spielzeug führt das Ehepaar Christenson die Firma weiter.

H. Josef Leven, Puppen- und Spielwarenfabrik

Sonneberg/Thüringen (besteht nicht mehr)

Hubert Josef Leven hatte sich als Reisender für eine Spielzeugfirma Ansehen erworben, ehe er 1891 als 24jähriger zusammen mit Theodor Sprenger die vier Jahre darauf auch handelsgerichtlich eingetragene ›Commissions- und Exportfirma Leven & Sprenger‹ in Sonneberg gründete. Auch nach Wechsel des Partners und Übernahme einer weiteren Firma blieb es anfangs beim reinen Exportgeschäft. Erst als Leven 1905 den Betrieb auf alleinige Rechnung übernahm, wurde die Fabrikation von Lederpuppen aufgenommen, das Angebot bald um andere Puppen, Plüsch- und Filztiere ergänzt. Bereits 1910 begann bei Leven die Produktion von Teddybären, wie auf einer alten Katalogkarte zu sehen ist. Leven gehörte damit zu einem der ersten Sonneberger Fabrikanten, die diesen neuen ›Modeartikel‹ in ihr Programm aufnahmen.

Der Produktionsbetrieb wuchs so erfolgreich, daß 1912 die Commissionsabteilung verkauft wurde. Die Fertigung lief weiter als OHG unter dem Namen H. Josef Leven. Zehn Angestellte, sechzig Produktionsmitarbeiter und neunzig Heimwerker waren bereits im Gründungsjahr beschäftigt. Zu ihnen gehörte Friedrich Engel, der 1904 als kaufmännischer Lehrling eingetreten war. Ihn hatte Leven, selber kinderlos geblieben, schon früh als Nachfolger ausersehen und entsprechend ausgebildet. Bis 1940 reiste Engel zweimal jährlich in alle wichtigen europäischen Exportländer, wo bei Hotelausstellungen der örtlichen Kundschaft die Neuheiten vorgestellt wurden. Um die 25 große Überseekoffer gehörten normalerweise zu seinem Reisegepäck, darin verpackt das Sortiment.

Mit einer ersten Kapitaleinlage wurde Engel 1923 bereits Mitinhaber und alleiniger Geschäftsführer. Später erwarb er auch die restlichen Leven-Anteile und nahm

Katalogblatt mit Teddys, wie sie in den 30er Jahren gefragt waren, von Josef H. Leven, Sonneberg.

1951 seine beiden Töchter in die in eine KG umgewandelte Firma als Kommanditistinnen auf. Bis 1972 wurde das Unternehmen etappenweise vom damaligen SED-Regime zwangsenteignet, der Firmenname gelöscht und die Produktion in das DDR-Spielwaren-Kombinat VEB-Sonni eingegliedert. Erst 1990, nach dem Zusammenbruch des Regimes, wurden Fabrikgebäude und alle Rechte der Sonneberger Traditionsfirma H. Josef Leven wieder der alten Besitzerfamilie zurückgegeben. Dora-Margot, eine der Engel-Töchter, heiratete übrigens 1951 den Juniorchef der Sonneberger Teddy-Fabrik Max Hermann & Sohn und war maßgeblich mit am Aufbau der Hermann-Spielwaren GmbH in Coburg-Cortendorf beteiligt. Sie und ihre Schwester Hildegard Lindemann als Miterbin haben derzeit nicht vor, die Firma Leven in Sonneberg zu reaktivieren. Bei Hermann in Coburg gibt es allerdings seit 1991 originale Leven-Replikate, gekennzeichnet mit dem alten Schriftzug. Neben einem Teddy von 1910 sollen weitere prägnante Modelle der Leven-Serie aus der Zeit bis 1940 folgen.

Doris Minuth, Domi-Bär

Brödermannsallee 5, 25469 Halstenbek, Tel. u.
Fax 0 41 01/40 40 04

Nach Designstudium und langjähriger Arbeit in der Werbung sehnte sich Doris Minuth nach handwerklich-kreativem Ausgleich in der Freizeit. Als sie eine Nähmaschine geschenkt bekam, besorgte sie sich ein Teddybären-Schnittmuster. Ihre erste Kreation, ›Bubble‹, hatte zwar noch nicht den vollendeten Teddy-Schliff, doch dafür um so mehr Charme. Ihm folgten weitere ›Versuche‹, die immer besser gelangen und schließlich nach eigenen Entwürfen zu echten Künstlerbären wurden. Heute haben sie ihre Schöpferin so fest in den Pfoten, daß sie sich auch beruflich nur noch ihnen widmet, mit Erfolg. »Fröhlich bis lieb-drömelig und immer äußerst neugierig«, so charakterisiert Doris Minuth ihre Domi-Bären. Genäht sind sie aus hochwertigem Mohair, mit Schafwolle und Granulat gefüllt. Wie echte Bären tragen sie selten Kleidung und lehnen jeden Mode-Schnickschnack ab, das

›Nepomuk‹, mal mit honigfarbenem, mal mit weißem Mohairfell so richtig ›bärig‹, dabei lieb und gemütlich. Die Domi-Bären von Doris Minuth haben es aber faustdick hinter den Ohren.

wäre ihnen nicht bärig genug. Die Domi-Bären finden nicht nur bei uns in ausgesuchten Fachgeschäften neue Freunde, sondern haben längst den Weg in die weite Welt angetreten. Einige wanderten nach England, Österreich, die Niederlande, in die Schweiz und sogar nach Singapur aus. Auf Teddy-Messen, -Börsen und -Festen sind sie ebenso vertreten wie auf Ausstellungen, zum Beispiel auch in London.

Hanne Schramm, Teddybären-Macherin

Sudetenstraße 21 a, 91220 Schnaittach,
Tel. 0 91 53/84 99 u. 9 72 35, Fax 0 91 53/9 73 35

Auf der ständigen Suche nach neuen Miniaturen für das selbstgebaute Puppenhaus, entdeckte Hanne Schramm vor einigen Jahren einen Miniatur-Teddy in einem amerikanischen Journal, und in ihr erwachte der Wunsch, einen solchen Winzling zu besitzen. Sie griff selbst zur Schere und hielt nach vielen Versuchen bald ihr erstes selbstgemachtes Bärchen in Händen. Das Bärenfieber packte sie, und schon bald gab es im Puppenhaus ein ganzes ›Bärenzimmer‹, in dem sich ganze Bärenfamilien tummelten. Freunde, die das Puppenhaus bewunderten,

Das Brautpaar ›Frank‹ und ›Hildegard‹, ein Miniatur-Bärenpaar von Hanne Schramm. Unikate der bedeutenden Mini-Teddy-Künstlerin erhielten internationale Teddybär-Preise und sind bereits heute Museumsstücke.

wollten auch solche Bären besitzen, und so wurde Hanne Schramm zur Spezialistin für Miniatur-Teddybären, die zwischen 2,5 und 5 Zentimeter groß sind. Alle sind aus 17 einzelnen Stoffteilen gefertigt, von links handgenäht, mit extrafeiner Schafwolle gestopft. Seit Mai 1991 sind die Bären auch bekleidet. Die Teddykleidchen sind zum Teil mit Stopfnadeln aus Seidengarn gestrickt, die Anzüge sind aus Naturmaterialien wie Leder und Baumwolle genäht. Inzwischen gelangten die Miniaturbären zu Weltruhm. 1994 erhielt einer von ihnen, ›Theodor‹, den Toby Award, Amerikas begehrte Auszeichnung für Teddybären. Seit 1997 können andere Minibären aus der Schramm-Familie in großen japanischen Museen bewundert werden.

Schuco-Werke, Schreyer & Co.

Nürnberg (besteht nicht mehr)

Der Schuco-Erfolg auf dem internationalen Spielzeugmarkt basierte darauf, daß ein ideenreicher Tüftler und Mechaniker zweimal im Leben einen Financier fand, mit dem sich seine zahlreichen Erfindungen realisieren ließen. Heinrich Müller begann 1907 mit gerade 17 Jahren in einer kleinen Werkstatt bewegliches Spielzeug nach eigenen Ideen auszutüfteln. Um seine eher laienhaften Kenntnisse zu professionalisieren, verdingte er sich bei der großen Spielzeugfabrik Gebrüder Bing als Techniker und Konstrukteur. 1912 gründete er dann mit dem Kaufmann Heinrich Schreyer die Schuco-Werke. Mit zehn Arbeitern wurde die Produktion begonnen. Nach einer kriegsbedingten Zwangspause lief sie schnell wieder an. Heinrich Schreyer allerdings sah in Blechspielzeug keine Zukunft mehr und stieg aus. Die Marke Schuco, zusammengesetzt aus den Anfangsbuchstaben des Firmennamens Schreyer und Co., war aber längst solch ein fester Begriff, daß sie beibehalten wurde, als Müller in Adolf Hahn einen neuen Teilhaber und Financier finden konnte. Dank der originellen Konstruktionen des Technikers kam ein Aufschwung; innerhalb weniger Jahre wurden 300 Mitarbeiter beschäftigt, dazu kamen 100 Heimarbeiter. Inflation, Weltwirtschaftskrise und selbst den Zweiten Weltkrieg überstand Schuco fast unbeschadet. Obwohl Heinrich Müller, die Seele des Unternehmens bereits 1958 starb, lief der Erfolg weiter.

Zum fünfzigjährigen Firmenjubiläum gehörten an die 800 Arbeiter und Angestellte zum Unternehmen. Trotz aller Erfolge kam Ende der 70er Jahre für Schuco das Aus, ein Konkurs wurde unvermeidlich. Das Nürnberger Unternehmen konnte sich nicht länger gegen die Billigimporte aus Fernost behaupten. Erst als es zu spät war, lernten Sammler in aller Welt Schuco und seine oft skurrilen, doch immer phantasievollen Erfindungen erneut zu schätzen.

Die legendären Schuco-Bären, von Sammlern und Museen in aller Welt gefragt. Sie können sich nicht nur bewegen, sondern auch laufen und purzeln.

Unter der Fülle von Kreationen gab es auch Teddybären. Ihr blechernes ›Skelett‹ war mit Plüsch überzogen; zu ihrem Innenleben gehörte in vielen Fällen ein Federmotor. Zog man ihn mit einem Schlüssel auf, liefen diese drolligen Kerlchen oder schlugen Purzelbäume. Andere konnten mit dem Kopf ein Ja oder Nein andeuten. Besonders beliebt wurden die mit beweglichen Gliedern ausgestatteten Mini-Bären.

sigikid, H. Scharrer & Koch GmbH

Am Wolfsgarten 8, 95511 Mistelbach, Tel. 0 92 01/70-0, Fax 0 92 01/70 20

Unter dem Markenzeichen ›sigikid‹ kommen seit 1968 besonders kuschelige Plüschtiere in die Kinderzimmer, und

›Phil Sandmann‹, 43 cm groß und auf 200 Exemplare limitiert, zählt zur exklusiven Garde der sigikid-Künstlerbären. In echter Handwerkstradition geschaffen, legt das Mistelbacher Unternehmen viel Wert auf ein standesgemäßes Outfit.

Mama Bär und Papa Bär: Mit neuen Nostalgie-Teddys überraschen jetzt auch Hersteller, die bisher nur auf der modernen Kuschel-Welle schwammen und nun verstärkt für Sammler produzieren.

von Anfang an gehörten Teddys dazu. Unter ›sigikid‹ werden inzwischen auch Puppen, Kinderkleidung und Holzspielzeug angeboten. Unterschlupf gefunden hat das junge Küken unter den Flügeln der Traditionsfirma Scharrer & Koch, 1856 in Bayreuth gegründet als Produktionsbetrieb und Vertrieb für Glasperlen aller Art, die auf den Basaren des Orients genauso zu finden waren wie im tiefsten Afrika. Doch auch Rosenkränze und modische Halsketten sowie Knöpfe, Näh- und Fädelspiele gehörten zu den Exportartikeln. Das Stammhaus in Bayreuth dient sigikid heute als Lager, produziert wird in Mistelbach. Als Geschäftsführer zeichnet das Ehepaar Sigrid und Josef Gottstein.

Erstmals wendet sich sigikid 1991 mit einer Plüschtierkollektion aus bestem Mohair an die Sammler. Auch nostalgisch wirkende Bären sind darunter, wie Papa Bär und Mama Bär, bekleidet wie zu Großmutters Zeiten. Diese beiden Teddys bewarben sich, kaum erblickten sie das Licht der Welt, in den USA um den jährlich verliehenen ›Toby‹, einen Oscar für Schmusebären. Konkurrenten kamen aus dem eigenen Haus, ein untrennbar miteinander verbundenes Zwillingsbärenpaar, die Ost-West-Berlin-Bären, aus einem Stück gearbeitet und somit eine absolute Knuddel-Neuheit, sowie der kleine Boy Willy. sigikid-Teddys gibt es im gehobenen Spielzeughandel sowie in Kinderboutiquen.

Margarete Steiff GmbH

Alleenstraße 2, 89537 Giengen/Brenz, Tel. 0 73 22/13 11, Fax 0 73 22/2 11 56

Die Geschichte der Steiff-Tiere wie auch ihrer Bären ist untrennbar verbunden mit dem Schicksal von Margarete Steiff. 1847 wurde sie in Giengen geboren, einem damals eher ärmlichen Dorf, in dem sich seit Beginn des 19. Jahrhunderts eine Reihe kleiner selbständiger Webereien, Gerbereien und Strumpfwirker angesiedelt hatten. Die Schafhaltung auf der nahen Schwäbischen Alb lieferte das Rohmaterial. 1850 kam das erste Industrieunternehmen hinzu, die Württembergische Wollfilz-Manufaktur. Um diese Zeit erkrankte die zweijährige Margarete Steiff an Polio. Sie überlebte, doch blieben beide Beine gelähmt, und die rechte Hand zeigte sich geschwächt. Das heranwachsende Mädchen kämpfte gegen seine Behinderung und erlernte das Nähen. Die Eltern, Bauwerkmeister Friedrich Steiff und Ehefrau Maria, schafften der Tochter eine Nähmaschine an. Sie nähte aus dem verfügbaren Wollfilz Frauenkleider. Ab 1877 betrieb sie ein Filzkonfektionsgeschäft mit Klei-

Das ›Bärle‹ von 1905 war das ›Lieblingskind‹ von Margarete Steiff. Sein besonderes Kennzeichen ist die auf dem Kopf von Ohr zu Ohr verlaufende Quernaht.

Mehrere Bärengenerationen von Steiff sind versammelt: (v l. n. r.) zwei Teddys von 1920, einer von 1903, mit Schleife aus den 60er und daneben Zotty aus den 50er Jahren.

dung und allerlei Nützlichem und Dekorativem für den Wohnbereich. 1880 nähte sie einen kleinen Filzelefanten, der als Nadelkissen diente.

Dieses ›Elefäntle‹ kam gut an und schuf das wirtschaftliche Fundament für das spätere Steiffsche Großunternehmen. Von Anbeginn setzte Margarete Steiff die Verwandtschaft mit ein. Bruder Fritz verkaufte auf Jahrmärkten Elefanten in großer Stückzahl, später kamen Esel, Pferde, Schweine und Kamele hinzu. Er half seiner Schwester beim Entwickeln von Ziehtieren, auf denen Kinder sitzen und sich fahren lassen konnten. 1893 wurde zum ersten Mal die Leipziger Messe besucht. Die zweite Steiff-Generation rückte nach: Neffe Richard, der bis 1897 die Kunstgewerbeschule in Stuttgart besucht hatte, wurde zum Schöpfer zahlreicher Filzpuppen und Karikaturen des Militärs aller Couleur. Franz, ein anderer Neffe, übernahm die Werbung und wurde zum Schöpfer des berühmten Warenzeichens, dem Knopf im Ohr. Hugo, ein ausgebildeter Ingenieur, leitete die Fertigung und lieferte Ideen für Mechanisierung und Rationalisierung. Neffe Otto betreute die kaufmännische Seite des Unternehmens. Er gründete auch die ersten ausländischen Tochtergesellschaften.

Als eigentlicher Vater des deutschen Teddybären gilt Richard Steiff. Er hatte im Stuttgarter Zoo die Braunbären beobachtet und ihre tolpatschig-anmutigen Bewegungen in vielen Skizzen festgehalten. Daraus entwickelte er sein erstes Modell, das nicht aus Filz, sondern bereits aus Mohairplüsch gearbeitet war; Kopf, Arme und Beine ließen sich auch schon drehen. 1903 auf der Leipziger Messe als Novität vorgestellt, fand er anfangs kaum Beachtung. Doch – die Geschichte ist hinlänglich bekannt – zum Schluß erschien ein Amerikaner und orderte 3000 Exemplare. Die Steiff-Bären eroberten Amerika im Rekordtempo; dort hatte nach der als Karikatur verewigten Begegnung des Präsidenten Teddy Roosevelt mit seinem Jagdopfer ein ungeheurer Bärenboom eingesetzt. Ihm verdankt Steiff den Durchbruch zur Weltmarke.

Margarete bestellte ihre fünf Neffen zu Geschäftsführern des neuformierten Unternehmens. Der Knopf im Ohr wurde bekannt. Konjunkturschwierigkeiten in den USA stoppten vorübergehend die Entwicklung. Die im Giengener Werk einseitige Konzentration auf das Produkt Teddy zeigte Folgen. Durch Programmerweiterung um Filzpuppen und andere Plüschtiere, vor allem auch durch den Roloplan, konnte dieser Einbruch schnell aufgefangen werden. Der aus Stoff gefertigte, schwanzlose Drache ›Roloplan‹, eine Erfindung von Richard Steiff, wurde zu einem internationalen Renner. Margarete Steiff hatte die Überwindung der Krise noch erlebt; sie starb am 9. Mai 1909. Der Erste Weltkrieg führte dann wegen Materialmangel zu einer vorübergehenden Umstellung auf Holzbaukästen und Kindermöbel.

Ab 1920 trat jedoch der Teddy wieder auf den Plan, zuerst aus Zellstoffplüsch, bald auch wieder aus Mohair gefertigt. Die Künstlerpuppen erhielten ab 1921 ein neues Aussehen durch den Münchner Maler Schlopsnies, der sie entwarf. Neue Katzen, Bären, Hunde machten von sich reden. Nach der erneuten Kriegspause war Steiff 1947 auf der Leipziger Messe wieder präsent – mit zehn Artikeln. Sprunghaft steigerte sich die Nachfrage. 1948 waren bei Steiff bereits wieder an die 1000 Mitarbeiter beschäftigt, fünf Jahre darauf doppelt so viele.

Das Qualitätsprinzip und die Markenpflege machten sich bezahlt. In den 50er Jahren erlebten die Steiff-Bären

Klassischer Steiff-Bär von 1920, mittelbraun, gut erhalten.

einen neuen Boom – vor allem wieder in den USA. Daneben behauptete sich bei uns Mecki der Igel, der zum Tiersymbol seiner Zeit wurde. In den folgenden Jahrzehnten waren Qualitätssteigerung und Perfektionierung in der Fertigung das Erfolgsrezept der Giengener, gegen die Billigimporte anzuschwimmen. Seit mit Beginn der 80er Jahre die Teddybären-Sammler verstärkt auf den Plan traten, erlebten die Steiffschen Petze aller frühen Jahrgänge als Replikate ein glänzendes Comeback. Auf sie

Die 50er Jahre standen noch ganz im Zeichen des traditionellen Bären wie dieses Steiff-Beispiel zeigt. Nach den Teddy-armen Kriegsjahren war der Nachholbedarf besonders groß.

konzentrierte sich zunehmend der Sammeleifer, zuerst in den USA, dann nachfolgend auch in Europa. Alte Serien wurden erneut aufgelegt, Jubiläumsbären kreiert. Denn die alten Teddys waren plötzlich Antiquitäten und wurden auf Auktionen renommierter Häuser zu horrenden Preisen versteigert. Deshalb konzentrieren sich die Sammler heute vor allem auf die Steiff-Neuauflagen. Doch auch diese werden schnell zu Spekulationsobjekten. Bleibt den zu kurz Gekommenen der Trost, daß aus Giengen immer wieder Bärennachwuchs angekündigt wird.

Steiff-Bären von 1903 bis 1981

1903 erster gegliederter Bär 55 PB (Plüsch, beweglich, 55 cm);

1904 es folgt der verbesserte Bär 35 PB, schlanker, kleiner und feingliedrig. 12 000 Stück werden in den USA abgesetzt. Margarete und Richard Steiff erhalten auf der Weltausstellung in St. Louis Goldmedaillen; Einführung einer Schutzmarke, die erste als kleiner Nickelknopf mit Elefant und S-förmigem Rüssel, angebracht am linken Ohr;

1905 kleinere Version des 35 PB, der 28 PB; ein weiterentwickelter Teddy, das ›Bärle‹ wird angeboten, es ist weich gestopft mit Holzwolle plus Kapok; Einführung des Steiffschen Nummernsystems (siehe Seite 180);

1907/08 erste angezogene Bären erscheinen auf dem amerikanischen Markt, wie Teddy-G (für Grizzly oder Grey) und Teddy-B (für Black oder Brown) nach den Roosevelt-Bären aus den Teddybär-Stories von Seymour Eaton; weitere acht bekleidete Bären, darunter solche mit Badehose und Matrosenanzug;

1908 Teddybären mit Maulkorb in Hell- und Dunkelbraun sowie zehn verschiedenen Größen;

1909 Bär mit Mechanik, der purzeln kann, in vier Größen; Bär mit Wärmflasche im Bauch; im Angebot sind Bären in 14 Größen und drei Farben; Produktion kleiner Sonderauflagen und ›Versuchsbären‹, manche nur für den englischen oder amerikanischen Markt; Rolly-Polly-Bär in drei Größen;

ab 1910 Braunbär auf Rädern und Kufen, zum Wiegen und Ziehen;

1913 in den Steiff-Katalogen taucht erstmals der Name Teddybär auf; Rekord-Bären sitzen auf Dreirädern und strampeln sich ab;

1914 bei Ausbruch des Ersten Weltkrieges gleicht das Standardprogramm dem des Jahres 1909;

1918 Bären aus Mohairersatz werden in einem Katalog genannt, woraus dieser Stoff besteht, ist nicht ersichtlich;

1920 in den ersten Nachkriegsjahren weiter Bären aus Mohairersatz; erstmals taucht die Bezeichnung Zellstoffplüsch auf;

1925 eine neue Serie macht von sich reden, mit reiner Kapok-Füllung, besonders weich, der Nummer wird ein ›K‹ – für Kapok – angefügt; farbige Bären, ebenfalls mit Kapok-Füllung und Langhaarplüsch in drei Größen und den Farben Rosa und Gelb; Teddybu-Bären mit bunten Filzwesten in vier Größen und drei Farben; ein Fahrrad-Bär mit dem Namen Tali-Bär mit Fahne und Befestigungsklammer kommt als Talisman für Radfahrer heraus; Fähnchen in verschiedenen Farben;

1926 Teddy-Clown, gegliedert, aus Mohairplüsch mit braunen Spitzen, spitzem Clownshut und zweifarbiger Halsrüsche; Kapok-Füllung, elf Größen; in Rosa und Gelb nur in vier Größen;

1928 Petsy, der junge Bär, das Bären-Baby im neuen, modernen Stil, gegliedert, weich, mit langhaarigem Mohairplüsch, braun gespritzten Spitzen, großen verstellbaren Ohren, roter Nase, blauen Augen, Druckbrummstimme, in zehn Größen;

1929	Musik-Teddy in einer Größe; Musik-Petsy in zwei Größen, beide mit Schweizer Musikwerk, bei fortwährendem Drücken und Loslassen ertönt eine Melodie;
1930	weiteres Teddy-Baby aus Mohair in zwölf Größen; aus Wollplüsch in neun Größen, Gesicht eines drolligen, freundlichen Jungbären, der nach Wunsch steht oder sitzt; Dicky – sehr ausdrucksvolles, lächelndes Gesicht mit heller, freundlicher Nasenpartie und aufgemalten Pfoten, aus blondem oder weißem Mohairplüsch in zwölf Größen, bleibt bis 1935 im Programm;
1934	wurden bisher alle Teddys sitzend gemessen, ist jetzt im Nummernsystem die Gesamtlänge angegeben;
1936	Zirkus-Bär mit patentierten Schnappgliedern und Halsmechanik, vielseitig verstellbar, kann sitzen, kriechen und stehen;
1938	Pandabär;
1940	Teddy-Programm jetzt sechs Größen umfassend; kleinste Größe 10 cm in Mohairplüsch, alle anderen aus Kunstseide, beim Teddy-Baby dagegen die drei kleinsten Größen aus Kunstseide, die große Ausführung mit 45 cm aus Mohairplüsch;
1947	Neubeginn mit zwei Teddy-Größen von 30 und 35 cm und einem Teddy-Baby von 30 cm, alle aus Kunstseidenplüsch;
1948	ab dieser Zeit wieder Mohair-Teddys;
1950	Erweiterung der bestehenden Serien auf zehn Größen;
1951	Zotty aus Mohairplüsch, langhaarig, superweich gestopft, Doppeldruckstimme; erneut im Programm Panda in sechs Größen;
1953	aus Anlaß des 50. Teddy-Geburtstags Jubiläumsbär ›Jackie‹ in drei Größen; gleichzeitig Nimrod-Teddy, 22 cm groß, als Jäger verkleidet mit vier Garderobe-Varianten;
1955	Baby-Bär, weich, mit drehbarem Kopf in zwei Größen;
1961	Dralon-Teddy Petsy, hellbraun, sitzend, weich gestopft, keine Dreh-, sondern Schlenkerarme;
1964	Zoobär stehend mit beweglichem Kopf und Armen;
1966	Teddybär mit kurzhaariger Nasenpartie, die bis über die Augen reicht;
1967/68	Cosy-Bär aus Dralonplüsch, gefüllt mit Synthetikfasern;
1969	Minki-Zotty aus pelzartigem Material, gegliedert, Stimme, erstmals formgeschäumt, sehr leicht und weich;
1970	Weichbär Toldi in zwei Größen aus Dralonplüsch, mit buntem Schürzchen;
1971	Toddel-Bär aus Dralonplüsch, superweich, aus der Zeitschrift Eltern;
1976	Teddys und Zottys in drei Größen aus Nerzimitat mit geschäumter Füllung;
1979	Dormy-Bär, 35 cm;
1980	Steiff ist 100 Jahre alt, erste Replikate von 1905; neu Orsi-Bär, 30 cm, Arme und Beine beweglich, und Molly-Teddy, 55 und 65 cm;
1981	Knöpfchen-Bär, Molly-Panda-Bär, Mama-Baby-Bär, erstmals produziert Steiff waschmaschinenfeste Teddybären.

Steiner Teddybären, Steiner GmbH, Spielwarenfabrik

99887 Georgenthal, Tel. 03 62 53/4 29 00,
Fax 03 62 53/4 29 01

Aus dem Luftkurort Georgenthal am Nordhang des Thüringer Waldes kommen seit über 100 Jahren Plüschtiere der Spielwarenfabrik Steiner. In der Werkstatt des 1889 gegründeten Familienbetriebs waren von Beginn an auch klassische Teddybären mit im Spiel. Heute umfaßt das Sortiment außer weich gestopften Kuscheltieren aufwendig gearbeitete Künstler- und Sammlerbären aus hochwertigem Mohairplüsch. Eine Spezialität des Stei-

Das Prinzenpaar von Steiner, zwei kostbar gewandete Bären für Liebhaber ausgefallenster Sammelpetze.

nerschen Teddybären-Programms sind Teddys in wertvollen Kostümen, die vor allem auf dem amerikanischen Markt viele Freunde finden. Dazu zählen ein Biedermeier-Pärchen, ein Kosmonauten-Bär mit seinem grünen (Bären-)Männchen, ein Hofnarr und ein Karnevals-Prinzenpaar in Brokat, Samt und Seide. Steiner fertigt sogar nach Kundenwünschen Sondermodelle. Für ein Bärenpaar, artgerecht im eigenen Pelz, erhielt Steiner einen ›Goldenen George‹ von ›Teddybär total‹, der jährlich in Hennef veranstalteten größten Teddybären-Messe Deutschlands. Steiner-Teddys gibt es im gehobenen Fachhandel.

Puppenfabrik Gebrüder Süssenguth

Neustadt bei Coburg (besteht nicht mehr)

Mit ihrem Peter machten die Neustädter Puppenfabrikanten Bärengeschichte. Das war allerdings erst um 1980, als das Unternehmen längst nicht mehr bestand. 1977 wurde in Neustadt – Cieslik's Puppenmagazin hat es nachrecherchiert – ein vergessenes Warenlager mit einem Restposten an Plüschveteranen entdeckt, die sich Süssenguth 1924 als Extravaganz geleistet hatte. Gemunkelt wird von 100 bis 120 Exemplaren des 34 Zentimeter großen Peter-Bärs, die hier originalverpackt im Verkaufskarton samt einem Werbeplakat über 50 Jahre einen Dornröschenschlaf gehalten hatten. Dieser Teddy bewegt Augen und Zunge gleichzeitig und zeigt außerdem, völlig unüblich bei anderen Fabrikaten, zwei Reihen weißer Zähne, eine rote Zunge im offenstehenden Maul sowie unverhältnismäßig große Glasaugen, mit denen er kullern kann. Mit diesem Peter-Bär knüpft Süssenguth wieder an das Aussehen des Tieres, der Bestie an, wobei der lachende Ausdruck keinerlei Gefahr signalisiert.

Der unkonventionelle Prototyp kam bei den Einkäufern jedoch überhaupt nicht an. Der 42 Zentimeter große Peter ging nicht in Serie, in fünf Handexemplaren fand er sich noch im vergessenen Fundus. Sein kleinerer Bruder von 34 Zentimetern traf doch auf so viel Interesse, daß ein Teil davon über Montevideo nach Südamerika verscherbelt werden konnte. In den ersten Jahren nach dem

Zwischen einem Bären unbekannter Herkunft (links) um 1960 und einem Teddy von 1939 sitzt einer der Peter-Bären der Gebrüder Süssenguth von 1924, der sich damals nicht absetzen ließ, doch heute zu den großen Raritäten zählt.

Wiederauftauchen fanden die Peter-Bären über Flohmärkte neue Besitzer. Wer damals zuschlug, konnte für 30 bis 40 Mark eines dieser fabrikneuen Altertümchen erstehen und sich einen Glückspilz nennen. Denn heute erzielen sie auf Auktionen mindestens das Hundertfache. Am begehrtesten sind natürlich diejenigen, die in den 20er Jahren niemand wollte: die 42-Zentimeter-Versionen in einfachem Braun. Doch auch seine kleineren Brüder in Dunkelbraun mit blonden Strähnen, in Hellbraun oder Grau sind rar und teuer. An diesem Preisgefüge wird sich sicher nichts ändern, auch wenn die nach Südamerika emigrierten Familienmitglieder einen Weg in die alte Heimat zurückfinden sollten.

Asquiths United Kingdom of Teddy Bears

2–4 New Street, Henley-on-Thames, Oxfordshire,
RG9 1AH

Joan Bland, Gründerin und Direktorin dieser ganz auf Teddys eingestellten englischen Firma, hat ausgesucht schöne Sammlerbären in ihrem Programm. Auf über 20 verschiedene, originelle Typen ist das Angebot inzwischen angewachsen. Alle posieren sie als Gruppenbild wie in Portraitaufnahmen auf einem Poster unter dem Sammeltitel ›The Asquiths United Kingdom of Teddy Bears‹.

Rechts: Der gemütliche, dicke Bruno gehört auch zu der englischen Asquiths-Bärenbande und erschien in einer limitierten Auflage.

Von bekannten Herstellern werden die Bären in kleiner Auflage exklusiv für Asquiths gefertigt, darunter Gebr. Hermann (No-No und Little Valentino), Merrythought (Lofty), Canterbury (Archbishop, Polo und Beckett) oder House of Nisbet (Jack's Yes-No-Bear). Zu den herausragenden Bären-Persönlichkeiten bei Asquiths gehören Macmillian, der Diplomat der Sammlung, der nie die Contenance verliert, obwohl nur mit einer Fliege bekleidet. Er ist aus Wollmohair gearbeitet, besitzt einen großen runden Kopf, kleine, hochstehende Ohren und steht auf großen Füßen. Besonders anmutig ist auch die Passionsblume ›Passion Flower‹, ein Bärchen mit keck gestickter Nase in pudrigem Pinkmohair. Ausgeprägten Charakter besitzen Pugnacious und sein großer Bruder Edward the Great,

Links: Ausdrucksstarke Belamy-Bären von Asquiths, sie sind echte Snobs und zeigen sich nie ohne ihre übergroßen Schleifen.

wobei sich dieser wie der Earl einen Hauch britischen Snobismus nicht verkneifen kann.

Diese und andere Charakterbären werden in Großbritannien in speziellen Asquiths Teddy Bear Shops vertrieben. Wie in Henley-on-Thames, in einem Haus aus dem 15. Jahrhundert, in dem es besonders britisch zugeht: Damit der Kunde genügend Muße bei der Wahl eines Teddys hat, wird ihm zwischendurch ein Tee serviert, fachkundig über Teddys geplaudert, und Geschichten über Teddy-Erlebnisse machen die Runde.

Canterbury Bears Ltd.

The Old Coach House, Court Hill, Littlebourne,
Canterbury CT3 1TY

Die Geschichte der Canterbury Bears begann 1979, als der Designer John Blackburn beauftragt wurde, einen beweglichen Teddybären im traditionellen Stil zu entwerfen. Nach viermonatiger, intensiver Forschungsarbeit und Entwicklung entstand das erste Exemplar, das als Canterbury Bear das Licht der Teddy-Welt erblickte. Anfang der 80er Jahre begann unter diesem Namen – wie bei Bärenmachern durchaus üblich – die Familie Blackburn in ihrem Wohnzimmer in Westhere Teddys herzustellen. Bereits im Januar 1981 konnten sich die aus dieser häuslichen Produktion hervorgegangenen Gesellen in London auf einer Messe, dem Earls Court Toy Fair, einem breiten Liebhaberpublikum präsentieren. 1984 wurde die Bärenwerkstatt nach Littlebourne, einem kleinen Ort nahe der traditionsreichen Stadt Canterbury, verlegt.

Die Canterbury Bears erwachsen noch heute einem reinen Familienbetrieb. Jedes Mitglied ist mit einer besonderen Aufgabe betraut, Maude Blackburn als Präsidentin, ihr Mann John Blackburn, der Gründer, als Designer und Kerstin Blackburn, die Tochter, als Geschäfts-

In ihrer Bären-Werkstatt im englischen Canterbury stehen die Blackburns ganz im Dienste ihrer ausgefallenen Sammler-Teddys.

Der welterfahrene und weise ›Flash‹, groß, gewichtig und mit zahlreichen Orden dekoriert, ist der wahre Boß im Canterbury-Verein.

führerin. Sie und die Handwerker und Handarbeiterinnen, die im Dienste der Bären stehen, halten sich strikt an den selbst auferlegten Qualitätsanspruch.

Ihre Teddys sind im traditionellen Stil entworfen und hergestellt aus anspruchsvollen Materialien wie Wolle, Alpaka, Mohair, Kamelhaar und Kaschmir, zum Teil mit gestickten Nasen aus Seidengarn und Lederpfoten. Manche sind weich gestopft mit Synthetikfasern, manche hart mit Eichenholz-Sägespänen.

Zur Canterbury-Crew gehören mittlerweile an die dreißig Typen, unter ihnen Churchill, gewichtig und mit großer Seidenschleife; oder der große Flash, weise und welterfahren, der die anderen Bären beschützt und dessen Brust eine Reihe von Orden ziert. Canterbury Bears besitzen übrigens das Privileg, das Wappen der alten Stadt tragen zu dürfen.

Bei uns sind sie noch selten zu finden, einige von ihnen jedoch in Teddy-Shops.

Chad Valley Co. Ltd.

Birmingham

Tradition adelt – das gilt in England selbstverständlich auch für die Teddys von Chad Valley. Ihr Stammhaus war bei seiner Gründung 1823 noch eine kleine Druckerei nahe dem Fluß Chad bei Birmingham. Es dauerte dann noch fast ein Jahrhundert, ehe die Bären losgelassen wurden. Anlaß war der Erste Weltkrieg, als die Importe ausblieben und der von ihnen besonders abhängige Spielzeugmarkt leer blieb.

Die Druckerei-Manager kauften die Issa-Werke, einen kleinen Stofftierhersteller, auf und begannen ab 1915 mit der Teddy-Produktion. In dreizehn verschiedenen Größen und sechs, recht ungewöhnlich lebhaften Farben entzückten sie die Kinder der Britischen Inseln. Als Markette wurde diesen Bären ein mit Celluloid überzogener Knopf angenäht mit der Aufschrift ›Chad Valley British Hygienic Toys‹. Nach undefinierbarem System waren sie auf dem Bauch, dem Rücken oder unter den Armen angebracht.

Unter dem linken Fuß saß anfangs ein Schildchen aus Stoff mit dem eingewebten Schriftzug ›Hygienic Toys made in England by Chad Valley Co. Ltd.‹; später wurde diese Bezeichnung nur noch in Rot und Schwarz aufgedruckt.

Der Adelsbrief kam 1934, als Chad Valley zum Königlichen Hoflieferanten ernannt wurde. Seitdem ziert das Markenzeichen die zusätzliche Aufschrift: ›By appointment toymakers to H. M. Queen Elizabeth the Queen Mother‹.

In jüngster Zeit kam es zur Konzentration im britischen Spielzeuggewerbe. 1967 übernahm Chad Valley den ebenfalls traditionsreichen Spielzeughersteller Chiltern. 1978 hingegen wurde Chad Valley vom Konzern Palitoy übernommen. Seit dieser Zeit ist die Produktion unter Eigennamen eingestellt. Vor einigen Jahren soll der weltweit tätige Kaufhauskonzern Woolworth den Markennamen Chad Valley gekauft haben und unter ihm Billigprodukte aus Fernost vertreiben.

Was bei den alten Bären aus dem Chad-Tal ins Auge sticht, sind ihre relativ großen Ohren. Sie verleihen Charakter, während ihr gerundeter Bauch Gemütlichkeit signalisiert. Arme und Beine sind ziemlich gerade. Dem allgemeinen Trend folgend, veränderten auch diese Knuddel-Engländer ihre Gestalt; sie wurden runder, weicher und noch schmusiger.

Dean's Company Ltd.

Pontnewynydd Industrial Estate, Pontypool Gwent. NP4 6YY

Das 1903 unter dem Namen Dean's Childsplay Toys Ltd. gegründete Unternehmen begann nach dem Ersten Weltkrieg mit der Teddy-Produktion. Die Briten setzten von Anfang an auf Qualität und fertigten bewegliche Mohairbären im traditionellen Stil. Einen Eindruck davon vermittelt der nach altem Vorbild neu aufgelegte Antique Bear, mit langen, dünnen Armen, langer Schnauze, einem kleinen Buckel und aus hellbeigem Mohair. Bei Sammlern gleichermaßen beliebt sind die Traditional Bears, ausgestattet mit schlankerem Körper und kürzeren Gliedmaßen. Beide Modelle haben mit Kunstleder besetzte Tatzen.

Neben diesen Neuauflagen klassischer Modelle gibt Dean's alle fünf Jahre einen Jubiläumsbären heraus, so daß mit der Zeit eine ganze Familie zusammenkommt: Mama-, Papa-, Baby-, Großvater- und Großmutter-Teddy. Jedes Familienmitglied ist auf 2500 Stück limitiert. Daß Dean's von Zeit zu Zeit noch für andere bärige Überraschungen gut ist, zeigen die Porridge Bears, die wie im Bilderbuch von Jessie Willcox Smith aus dem Jahr 1909 brav ihre Frühstücks-Haferflocken löffeln. Sie wurden 1983 aufgelegt. Wer einen ganz besonders originellen Bären aus dem Hause Dean's kennenlernen möchte, findet ihn im Teddybär-Museum von Stratford-upon-Avon. Er besitzt ein dunkelbraunes Fell, große Ohren, eine helle Nase sowie Pfoten und Füße aus hellem Filz mit herausgebildeten Krallen. Dieser drollige Kerl stammt aus den 50er Jahren. Neue Sammlerbären dieses britischen Herstellers bieten bei uns Versandshops für exklusive Teddys an.

House of Nisbet Ltd.

Dunster Park, Winscombe BS25 1AG

Die Prachtentfaltung anläßlich der Krönung von Queen Elizabeth II. inspirierte 1953 Peggy Nisbet, eine Puppe mit den Gesichtszügen und der Robe des königlichen Vorbildes zu gestalten. Andere Puppen-Berühmtheiten der Geschichte folgten in den Jahren darauf, bis 1976 endlich auch der Teddybär im House of Nisbet Einzug hielt. Dieser war nach traditioneller Vorlage in vier Größen und den Farben Muskatnußbraun oder Gold gefertigt. Anläßlich des zehnten Geburtstages wurde der kleinste aus dieser Serie neu aufgelegt.

Der britische Charakterschauspieler Peter Bull, ein großer Teddybären-Freund und -Förderer, machte das House of Nisbet mit seinem Delicatessen-Bären bekannt, der es sogar zu Filmruhm gebracht hatte. Dieser 1907 entstandene Teddy wurde von Peter Bull im Regal eines Tante-Emma-Ladens entdeckt, der geschlossen werden sollte. Seine Besitzerin war schon sehr betagt und bat

Sie sind bereits in der ganzen Welt vertreten und auch bei uns seit ein paar Jahren zu finden, die Bären vom House of Nisbet. Einer der urigsten Typen ist der Delicatessen-Bär in zwei Größen.

den Schauspieler, sich ihres Teddys anzunehmen. Dieser Delicatessen-Bär, wie er auf Grund der ersten Begegnung getauft wurde, übernahm in der Fernsehserie *Wiedersehen in Brideshead* nach dem Roman von Evelyn Waugh die Rolle des Bären Aloysius, ständiger Begleiter von Lord Sebastian Flyte. Zu seinem 80. Geburtstag wurde der Delicatessen-Bär alias Aloysius vom House of Nisbet mit einem Replikat geehrt. Es gibt ihn jeweils 2500mal in den Größen 33 und 53 Zentimeter. Der Pelz besteht aus reinem Mohair, der dem Vorbild entsprechend mit Lederflicken besetzt ist. Mit den Bully-Bären erschien noch eine weitere Teddy-Generation von Peter Bull; außerdem unter Mitwirkung der Bilderbuchautorin Pauline McMillan die Zodiac-Bären, die mit zwölf Charaktertypen die einzelnen Sternkreiszeichen versinnbildlichen.

Berühmte Designer haben inzwischen für das House of Nisbet originelle, liebevoll bekleidete bärige Schöpfungen entworfen. Alle wurden in der ganzen Welt berühmt. Die Nisbet-Kollektionen sind von guter Qualität und handgearbeitet; der individuell geprägte Gesamteindruck zeugt davon. Sein Zeichen ›House of Nisbet‹ trägt jeder Bär auf der linken Fußsohle. Bei den Designer-Bären, der Celebrity Collection, befindet sich am rechten Bein zusätzlich ein aufgestepptes Lederbändchen mit der Unterschrift des Schöpfers und dem Entstehungsjahr. Als Anhängsel hat jeder Teddy zudem ein Zertifikat mit Portrait und Vita des Designers sowie der Nummer der limitierten Auflage.

Herausragende Nisbet-Bären aus der Celebrity Collection sind: Yetta Bear und ihr Bruder Eric-John Bear von Carl-Lynn Rössel Waugh, erschienen 1987 und 1988; Mr. Do-it Bear von Linda Mullins (1988); Clown Bear und Bellhop Bear von April Whitcomb (1987 und 1988); der Pearly King Bear von Doris und Terry Michaud (1987), alle, wie es heißt, in einer Auflage von 5000 Stück. Ein vielgereistes Teddybärchen von 1912, das den Untergang der ›Titanic‹ überlebte, erhielt 1991 ein Erinnerungs-Replikat mit 5000 Exemplaren.

Das House of Nisbet wurde 1989 von Dakin & Company aufgekauft, steht mit seinem hoffentlich gleichblei-

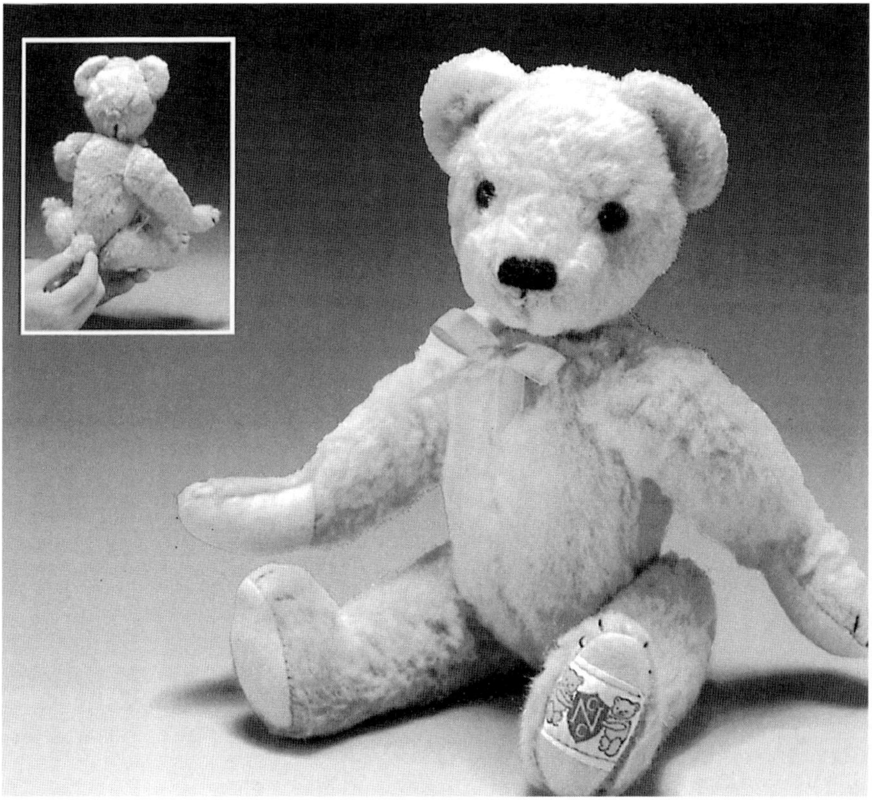

Der Yes-no-Bär nach dem Vorbild der Schuco-Bären aus dem House of Nisbet nickt bejahend mit dem Kopf oder schüttelt ihn zu einem Nein, wenn sein Stummelschwanz entsprechend bewegt wird. Diesen Sammler-Teddy gibt es seit 1988.

benden Programm jedoch weiter unter der Obhut seines Direktors Jack Wilson. Teile aus diesem Programm führen bei uns spezialisierte Teddy-Geschäfte und -Versender.

Merrythought Limited

Ironbridge, Telford, Shropshire TF8 7NJ

Das Gabelbein auf dem Firmen-Label von 1932, vom Hasen gehalten, ist das Symbol der Manufaktur.

Ursprünglich war Merrythought reiner Mohairfabrikant. Seit 1930 verarbeitete das Unternehmen seine Stoffe auch zu Teddybären und anderen Plüschtieren. Seit der Gründung befindet sich Merrythought im Besitz der Familie Holmes und ist heute führend auf dem englischen Plüschtiermarkt.

Als Firmenzeichen wurde ein Hühner-Gabelbeinchen gewählt (Merrythought heißt übersetzt Gabelbein). Firmensitz ist Ironbridge, benannt nach der ersten Eisenbahnbrücke der Welt, die hier an der Grenze zu Wales gebaut wurde.

Die frühen Bären von Merrythought sind durch einen mit Celluloid überzogenen Metallknopf gekennzeichnet, doch ging man später, um Verwechslungen mit Steiff auszuschließen, zu einem bedruckten Lederstreifchen über, das quer über die rechte Fußsohle genäht ist. Darauf steht ›Merrythought Ironbridge Shrops, Made in England‹. Limitierte Teddys erhalten zusätzlich ein Stoffbändchen mit der Aufschrift ›Edition strictly by Merrythought‹, dazu die Auflagenzahl und die Nummer des jeweiligen Exemplars.

Aus diesem britischen Haus stammt eine Reihe entzückender Teddys, die in ihrer anmutsvollen Wirkung in die Fußstapfen der traditionellen Linie treten, so die Elizabeth Bears in Pink und Goldfarben (limitiert auf 500 Stück), ›Wellington‹ mit maisfarbenem, langflorigem Pelz (in zwei Größen, limitiert auf 2500 Stück), die Wiltshire Bears (limitiert auf 500 Stück) in Gold mit langem Flor oder das Pärchen Isabel und Jeremy (limitiert auf jeweils 2500 Stück). Bei vielen Merrythought-Teddys fallen die seitlich angesetzten Ohren auf, extrem bei den Cheeky-Bears, die erstmals 1950 auf den Markt kamen und wegen ihres lustigen Aussehens als Spielbären äußerst beliebt

Isabel & Jeremy, aus dem Hause der renommierten englischen Spielzeug-Manufaktur Merrythought. Entworfen wurden sie von dem Fotografen und Autor John Axe und sind auf 2500 Exemplare limitiert.

Cheeky-Bär aus den 50er Jahren mit lustigen Segelohren, in denen Glöckchen klingeln. Seit einiger Zeit wird er wieder hergestellt. Auf dem Bild zeigt er sich mit Accessoires von Merrythought, einem Teddy-Rucksack, einem Teddy-Täschchen und einer Teddy-Puppe.

sind. Aus der Reihe tanzen auch die beiden Sachet Bears in zartem Pink, die nach Lavendel oder Rosen duften.

Einige Entwürfe stammen von der deutschen Puppen-Designerin Karin Heller, die für Merrythought arbeitete. Sie waren ursprünglich als reine Spielbären gedacht, sind jedoch so originell und liebevoll gestaltet und bekleidet, daß sie schon nach kurzer Zeit von Sammlern entdeckt worden sind. Merrythought, auch die Karin-Heller-Exponate, gibt es in exklusiven Spielwaren- und Geschenkshops wie auch im Teddy-Versand.

ITALIEN

Lenci s.r.l.

Via San Marino 56 bis, 10137 Torino

Auf dem Gebiet der Sammlerbären ist Italien unterentwickelt. Lediglich die drolligen Lenci-Teddys machen bei Sammlern von sich reden.

Hinter den berühmten Lenci-Puppen, die seit 1919 produziert werden, bleiben die wenigen Teddybären des Unternehmens zwar im Hintergrund, doch können sie nicht übersehen werden. Etwa in den 30er Jahren tauchten sie in den Turiner Werken quasi als Nebenprodukt auf.

Die Puppen – eigenwillig, extravagant, aufwendig und modisch gekleidet – waren und blieben stets die Stars. Viel zu empfindlich und kapriziös für ungeschickte Kinderhände, sprachen sie die Erwachsenen an. Und das war auch so gewollt. Die feinen Lencis waren seit ihrer Entstehung Sammlerpuppen, entworfen von berühmten italienischen Künstlern.

Die Teddys allerdings richteten sich stets an die Kinder. Diese verspielt und freundlich wirkenden Gesellen machten die leichte Arroganz ihrer Puppen-Schwestern wieder wett. Mit dem typischen Teddy-Aussehen ließen sie sich erst gar nicht darauf ein, deren klassisches Profil zu besitzen. Doch durch ihre nette Tapsigkeit schlossen sie schnell mit Kindern Freundschaft. Ihre Linie hielten die Lenci-Bären bis heute durch. Sie sind ein bißchen runder geworden, weicher und flauschiger. Doch erregen sie Sympathie – inzwischen nicht alleine bei den Kleinen.

Besonders drollig wirken zwei Teddys von 40 Zentimetern Größe: ›Gedeone‹ in Hellbeige mit milchkaffeebrauner Schnauze und ebensolchen Ohren und Pfoten sowie ›Voghi Bruno‹ in Dunkelbraun mit andersfarbiger Schnauze. Im Verhältnis zum runden Kopf wirkt diese recht klein, die Augen sitzen dicht darüber und eng beisammen. Arme und Beine sind bei beiden Modellen angenäht. Wer seine Sammlung international bestücken will, sollte auch einen Lenci-Bären hinzunehmen.

Es kann ja auch einer sein, der sich als Rucksack auf den Rücken, als Tasche um die Taille oder zum Umhängen verwenden läßt. Diese bärigen Accessoires lachen mit offenem Maul und herausgestreckter Zunge.

Bären gibt's in Italien! Man bekommt sie mit etwas Glück aber auch bei uns.

SCHWEIZ

Felpa AG, Spielwarenexport

Aarau/Schweiz (besteht nicht mehr)

Dieses neben Mutzli bedeutendste Schweizer Unternehmen in Sachen Teddys bestand seit den 50er Jahren bis Anfang 1991. Durch die Plüschtierkonkurrenz aus den Billiglohnländern einerseits und die hohen Personal- wie Materialkosten im westlichen Europa andererseits sah sich die Felpa AG gezwungen, ihren Betrieb zu schließen.

Auch die Schweiz brachte berühmte Teddys hervor, die Felpa-Bären, die sich jedoch immer bescheiden zurückhielten.

Ihre alten Bären aus den 50er und 60er Jahren besitzen inzwischen bereits Sammlerwert und Museumsreife. In der ersten Zeit ihres Bestehens arbeitete die Plüschtierfabrik in Zürich, worauf noch das Markenzeichen dieser liebenswerten Teddy-Generation hindeutet. Auf einem runden Papierlabel mit einem hellen Bären auf dunklem Grund steht in einem roten Feld die Herkunftsbezeichnung ›Felpa Zürich, Made in Switzerland‹.

Felpa fertigte Bären in allen gängigen Größen bis hinunter auf 10 Zentimeter. Diese Schweizer Teddys sind ziemlich schlank, die Arme nicht mehr so lang wie beim älteren Modell und Beine wie Füße weniger klobig; die Schnauzen verlaufen flach. Die Innenseiten der Pfoten sind aus Plüsch statt aus Filz, der lediglich für die Fußsohlen Verwendung fand. Die Augen sind aus schwarzen Stiefelknöpfen, und der kleine Bärenbuckel ist im Ansatz noch zu erkennen. Alle Felpa-Bären sind von guter Mohairqualität, voll beweglich und hart gestopft. Sie sind bis Ende der 80er Jahre in unveränderter Form produziert worden.

Mutzlibären

Bea + Poly-Verlags AG, Aarauerstraße 90, CH-5200 Brugg, Tel. (00 41) 56-4 41 70 71, Fax (00 41) 56-4 41 74 34

Der Schweizer Mutzli ist ein Kriegskind. Firmengründer Marcel Csuka, der seit 1933 ein Handelsunternehmen

Von etwa 1940 bis 1960 trug in der Schweiz jedes Kind im Kindergarten Pantoffeln im Tigerfell-Look. Daran erinnern heute die drolligen Mini-Tiger-Teddys von Mutzli.

›Perla-Urpetz‹ mit Mutzli Handspielbärli bei einer Schlittenpartie. Die beiden Hübschen aus der 1997er Kollektion eroberten die Herzen von Kindern und Erwachsenen im Sturm.

führte, vertrat vor dem Zweiten Weltkrieg die Firma Steiff in der Schweiz. Ab 1939 fielen die Lieferungen aus. Aus der Not heraus begannen Marcel Csuka und seine Frau, eine Schneiderin, mit der Eigenproduktion. 1940 kamen die ersten Stofftiere auf den Markt, aus Mangel an Mohairplüsch aus Baumwollstoff oder -plüsch und Wachstuch gefertigt. Das Markenzeichen: M.C.Z., die Anfangsbuchstaben von Marcel Csuka Zürich, und ein Teddybär in einem Kreis. Das Sortiment wurde laufend verbessert und fand auch nach dem Krieg Zuspruch. 1949 wurden Bären unter der Marke ›Mutzli‹ auf der Mustermesse in Basel gezeigt. 1957 ging das Unternehmen an die Felpa AG, 1978 an die Firma Suhr im Kanton Aargau über. 1991 wurde die Produktion eingestellt. Der totgeglaubte Mutzli erlebte 1993 seine Wiedergeburt. Mit viel Aufwand entstand eine zeitgemäße Linie von Spiel- und Sammler-Mutzlis, denen die Schweizer Bärenkünstlerin Verena

Brände Charakter und Charme verlieh. Spezialitäten wie der Tiger Fink Mutzli und der Schweizer Berg-Heumutzli wurden mit großem Erfolg neu aufgelegt. Sie sind aus Naturmaterialien gefertigt, ab 1998 teils wieder mit Holzwolle gestopft und erfreuen Kinder und den Sammlermarkt.

ÖSTERREICH

Berg Spielwaren, Tiere mit Herz GmbH

A-6391 Fieberbrunn

»Kurz nach dem Zweiten Weltkrieg wurde ich auf einem Bauernhof in Fieberbrunn in Tirol geboren«, läßt der österreichische Plüschtierhersteller Berg in der Firmenchronik seinen ersten Teddy erzählen. »Mein Fell sah freilich noch jämmerlich aus, denn es war aus Wehrmachtsdecken. Meine Augen waren alte Uniformknöpfe, und

Auch das Unternehmen Berg, Tiere mit Herz, überraschte den Sammlermarkt mit Replikaten aus den 50er Jahren. Markenzeichen ist noch immer das kleine rote Herz.

Aus Österreich kommen die Bären von Berg. Einer aus den 50er Jahren verbringt seinen wohlverdienten Ruhestand im Salzburger Spielzeugmuseum in bester Plüschtier-Gesellschaft.

meine Stimme bestand aus einer kleinen Schachtel, die mit Kieselsteinen gefüllt war.« – Was würde heute manch ein Sammler dafür geben, bekäme er einen solchen alten Spielkameraden in seinem Besitz. Doch bisher ist kein einziger aus dieser alten Garde jemals wieder in der Öffentlichkeit aufgetaucht.

Ab 1951 produzierte Berg wieder Teddys aus Plüsch sowie aus hellgrauem oder hellbraunem Wollstoff. Diese freundliche Crew aus Tirol hebt sich auch heute noch vom allgemeinen Teddy-Angebot ab; vor allem der weiße Plüsch-Petz. Seine seitlich angesetzten, relativ flachen Ohren sind mit kakaobraunem Samt gefüttert, und auch die Innenseiten seiner schmal zulaufenden Pfoten und die Sohlen sind damit abgesetzt. Wer diesen netten Kerl persönlich kennenlernen möchte, findet ihn im Kreise seiner Bärenfreunde im Salzburger Spielzeugmuseum, wo sie entweder Karten spielen oder mit Geduld posieren. Dort läßt es sich auch noch ein anderer Berg-Bär gutgehen, ein gemütlicher brauner Kerl mit geflickten Pfoten und Basedow-Glasaugen, der wahrscheinlich auch aus den 50er Jahren stammt. Seit dieser Zeit saßen nämlich statt der Kieselsteinschachteln wieder richtige Brummstimmen unter dem Fell.

Der Nachkriegsbauernhof hat sich längst in eine moderne Produktionsstätte verwandelt; doch die Bären werden zum großen Teil noch in Handarbeit hergestellt.

Berg ist bis heute der bedeutendste Teddy-Hersteller Österreichs geblieben. Frühe Exemplare tauchen gelegentlich auf Auktionen auf.

USA

The Bearons of La Jolla

San Diego

»Teddybären sind bedingungsloser Ausdruck der Liebe.« Mit wahrer Leidenschaft entwirft, produziert und verschickt Donna Hodges ihre Teddys unter dem Markenzeichen ihres kleinen Unternehmens ›The Bearons of La Jolla‹ (Bärone von La Jolla). Beim Sammeln alter Teddys erwachte in ihr das Interesse an deren Geschichte. Das fesselte sie schließlich dermaßen, daß sie sich an die Fertigung eigener Künstler-Teddys wagte.

Eine wichtige Stütze wurde ihr dabei Ehemann Jim, der, wenn es notwendig war, mit Hand an die Produktion legte. Die Familie Hodges lebt mit fünf Kindern und neun Enkeln im milden Klima Kaliforniens, meistens im Freien, in der Natur. Und alle liefern stets Ideen für neue Bärenschöpfungen, so auch für ihre meist phantasievollen Namen. Von feinster Qualität sind die Materialien, die Donna bei der Produktion einsetzt, vor allem Mohair und Alpaka, importierte Glasaugen sowie Wildleder für die Innenseiten der Pfoten.

Zu Donna Hodges' Kollektion gehören: Christian in marineblauem Anzug mit handgestricktem weißen Sweater und Hut (limitierte Auflage 100 Stück). Die Braut, goldbrauner Mohair, schwarze Glasaugen, trägt ein weißes Brokatkleid, herausgeputzt mit Spitze und Perlen; ihr Kopfschmuck besteht aus Tüll und Perlen, in der Hand ein Strauß pinkfarbener Rosen (100 Exemplare).

An ihrer Seite der Smoking tragende Bräutigam Groom (ebenfalls 100 Exemplare). Das Phantom in der Oper aus schwarzem Mohair präsentiert sich in geheimnisvollem, doch elegantem Outfit mit schwarzem Smoking, einem Satin-Jacquard-Cape, das Gesicht verborgen hinter einer Maske aus weißem Porzellan. Eine rote Rose liegt zu seinen Füßen; dieser ungewöhnliche Teddy wurde auf 75 Stück limitiert. Außerdem kommen aus dieser Werkstatt die Jahreszeitenbären sowie die immer besonders liebevoll ausgestatteten Weihnachtsbären. Zahlreiche unterschiedliche Künstler-Teddys gehören inzwischen zum Bearons-Sortiment.

Zwei vor allem in den USA bekannte Bärensammler, das Ehepaar Michaud, liefern auch Ideen für Designer-Bären, die unter dem Markennamen Carrousel by Michaud in den Handel kommen, wie dieser kluge Bär mit Brille.

Carrousel by Michaud (Terry und Doris Michaud)
Chesaning, Michigan

Zwei der ältesten und berühmtesten Schöpfer neuer Künstler-Bären verbergen sich hinter dem Markennamen

Carrousel: Terry und Doris Michaud. Seit Jahrzehnten beschäftigen sie sich mit alten Teddys und sammeln sie. Ende der 70er Jahre kam ihnen die Idee, solche Plüschtiere selber herzustellen. Vorangetrieben wurden ihre ›Exbärimente‹ durch die Klage eines Händlers, der vergeblich nach Teddys im Charakter alter Schmusebären suchte. Bei den Michauds daheim gab es in der eigenen Sammlung genügend Vorbilder. Ein Bär von 1906 hatte es ihrer Tochter besonders angetan, die ihn ›Professor‹ nannte, weil er einem ihrer Lehrer so ähnlich sah. Dieser Professor erlebte ein großes Comeback und schaut genauso intelligent durch seine altertümliche Brille wie sein Vorbild.

Zu der Carrousel-Kollektion gehören Charakterbären wie die Edwards: Baby Edward (33 Zentimeter), Sir Edward II. (46 Zentimeter). Edward III. (69 Zentimeter) und Edward IV., ein Gigant von 94 Zentimetern. Die bekleideten Bären, die im Laufe der Jahre entworfen wurden und inzwischen gesuchte Objekte sind, waren Bearzo, der

Clown, Burnt Umbear, der Künstler, Krankenschwester Bearnadette und The Good News Bear, ein besonderer Liebling von Doris Michaud. Für das House of Nisbet entwarf das Ehepaar 1987 den Knopfkönig, gekleidet wie ein Cockney Pearly King, dessen Jäckchen mit Perlmuttknöpfen bedeckt ist.

Alle Carrousel-Bären sind handgearbeitet; sie werden liebevoll wie Familienmitglieder behandelt. Einige gewannen auf dem jährlichen Teddybären-Wettbewerb in Walt Disney World Preise, so auch 1989 einer der größten Plüschbären der Welt, den das Ehepaar Michaud für die Keystone Traders Ltd. entworfen hatte. 1984 begannen die Teddy-Macher aus Midland mit einer ›Museums Recreation Series‹, die in jedem Frühjahr um ein Tier erweitert wird, von den Sammlern besonders gesucht. In dem großen amerikanischen Fach-Magazin *The Teddy Bear and friends* tauchen Terry und Doris Michaud häufig als Kolumnisten auf. Sie verfaßten außerdem mehrere Bücher über ihre Lieblingstiere. Carrousel-Bären kann man bei uns über den Geschenkeversand für exklusive Teddys bekommen.

R. Dakin & Company

San Francisco
Europa-Vertretung: Dakin Continental N.V, Dynamicalaan 9, B-2610 Wilrijk

»Wir können uns die Welt gut ohne einige Dinge vorstellen, aber nicht ohne Teddybären«, stellt der weltweit vertretene amerikanische Plüschtierhersteller in seinem Prospekt fest. Und das, obwohl Richard Dakin 1955 bei der Gründung seines Familienunternehmens alles andere als Teddys im Sinn hatte. Der Nachfahr von Pionieren, die das Land im Planwagen durchquert hatten, handelte mit handgefertigten Gewehren, allerlei Importen aus Italien und Spanien, Fahrrädern, Holzartikeln und Spielzeug. Hier lag das Schwergewicht auf batteriegetriebenen Modelleisenbahnen. Mitte 1957 erhielt er einen Musterzug, dessen Karton mit sechs kleinen, samtenen Stofftieren ausgepolstert war. Diese Beigabe stieß beim Empfänger auf größeres Interesse als die Spielzeugeisenbahn. Beim japanischen Lieferanten wurde eine Musterkollektion geordert, und mit der ging Dakin zum Einkäufer eines großen Warenhauses seiner Heimatstadt. Dessen erster Auftrag belief sich auf 300 Dutzend. Die kleinen ›Traum Pets‹ getauften Samttiere wurden ein Renner.

Zu jener Zeit beschäftigte Roger Dakin in seinem Stammhaus eine Gruppe eigener Designer, die ausschließlich Stofftiere entwarfen. Erst später wurde Plüsch als Material dazugenommen; mit ihm begann der Siegeszug der Teddys, die Dakin zu einem weltweiten Unternehmen machten. In Japan und Korea wurden Produktionsstätten aufgebaut. Dakin ist bekannt für seine Qualität und erhielt den Auftrag, für die Olympiade 1980 in Moskau das offizielle Maskottchen zu liefern. Dieser

Für ›Bearestroika‹, Friede und Freundschaft setzt sich dieser limitierte Dakin-Teddy ein.

Bär Mischa trug einen abnehmbaren Gürtel mit den olympischen Ringen und ist längst eine bei Sammlern gesuchte Rarität.

Heute kommt von Dakin eine Reihe liebenswerter Spielzeug-Teddys, wie zum Beispiel der Country Walk Papa Bear, Mama Bear und Baby Bear, alle mit Stimmen ausgerüstet und hübsch bekleidet. Dazu gesellen sich die Weihnachtsbären. Diese Spezies ist vor allem für Sammler interessant, so der ›I believe Bear‹ mit roter Weihnachtsmannmütze und grüner Halsschleife oder die Winter Wonderland Bears und die Spielzeugsoldaten-Bären. Alle sind freundliche Kuscheltiere, weich gestopft mit langhaarigem Pelz und kurzen, tapsigen Beinen (bei den Soldaten etwas länger). Aus der Weihnachts-Märchenwelt von Charles Dickens stammt das Teddy-Pärchen Edwin und Amanda Briarswood, im Stil des ausgehenden 19. Jahrhunderts gekleidet. 1991 bereicherte der rote russische Bär Bearestroika in einer limitierten Auflage die Vielfalt der Teddy-Welt.

Gund Inc.

Runyons Lane, P.O. Box H, Edison, New York 08818

Bereits im Jahr 1898 entwarf, nähte und stopfte Adolf Gund in einer kleinen Werkstatt in Norwalk, Connecticut, seine Plüschtiere. Er wurde so zum ersten Stoffspielzeug-Fabrikanten der Vereinigten Staaten. Sein Unternehmergeist und der damit verbundene Fleiß blieben nicht ohne Lohn. Denn als der Teddybär seine Blitzkarriere startete, profitierte auch Gund von diesem Boom. Jetzt wurde seine kleine Werkstatt schnell zu eng, und so verlegte der aus Europa eingewanderte Unternehmer seinen Firmensitz nach New York City. Für diese Expansion holte er sich Jakob Swedlin als Partner, der, als sich Adolf Gund 1922 aus dem Geschäftsleben zurückzog, den Betrieb alleine weiterführte. Die Firma stand wirtschaftlich auf sehr gesunden Füßen und hatte sich in dieser Zeit längst in Amerika als einer der Marktführer der gesamten Branche etabliert.

Bis heute ist Gund bekannt für Qualität und Kreativität. Berühmte Teddybär-Künstler wie Peggy und Alan

Bialosky entwerfen für Gund spezielle Sammlerbären, wie die 1983 erschienenen Golfer, Segler, den Santa Bialosky oder die Ski-Bialoskys, zwei Teddys im Skifahrerdress. Als die Firma 85jähriges Bestehen feierte, kam natürlich ein eigener Jubiläumsbär heraus. Er wurde nur ein Jahr lang verkauft und ist inzwischen eine – wenn auch neuere – Antiquität. Dieser Geburtstagsbär trägt übrigens einen dem Anlaß entsprechenden Anhänger mit der Aufschrift ›1983 Gotta Getta Gund‹.

Hug-a-Bear, Janet Reeves

Midland, Michigan

Aus den USA kommt das nette Bärenmädchen Alice (links) mit ihrer Puppe Mary Helen der Bären-Künstlerin Janet Reeves. Daphne (rechts daneben) mit blauem Schleifchen, gehört zur Kollektion ›It Seams Olde‹.

Diese Teddys kommen gleich zur Sache. Denn Hug-a-Bear heißt übersetzt ›Umarme einen Bären‹, und aus dieser Garde lädt in der Tat jeder einzelne dazu ein. Alle Schmusefreunde aus der Werkstatt von Janet Reeves sehen so lieb und knuddelig aus, wie perfekte Teddys, und mit einem Charme, der jeden Besitzer begeistert. Da gibt es Walter, mit zimtbraunem Langhaarmohair und feiner Seidenschleife im Krawattenmuster, der so zuverlässig wirkt, oder die weißplüschige Alice, lieb und verspielt, mit ihrer Puppe Mary Helen im Arm.

Seit 1985 entwirft ihre Schöpferin Teddys, die alle nur in begrenzter Stückzahl gefertigt werden. Sie sind bei Sammlern begehrte Liebhaberstücke und haben inzwischen eine Menge Auszeichnungen mit nach Hause gebracht. Hug-a-Bear-Teddys sind sogar schon nach Australien ausgewandert. Da alle mit äußerster Perfektion gearbeitet sind, verwundert es nicht, daß diese neuen Bären fast soviel kosten wie ein abgeliebter Veteran.

Ideal Toy Co.

New York

Dieser älteste Teddybären-Hersteller der USA wurde 1903 von Morris Michtom gegründet, der als Erfinder des amerikanischen Plüschbären in die Geschichte eingegangen ist. Hilfestellung leistete dabei die Spielwarengroßhandlung Butler Brothers, die eine erste Serie aufkaufte und für Michtom bei den Mohairplüsch-Lieferanten bürgte. Die Ideal-Teddys wurden in der Werbung als preiswert und perfekt hergestellt empfohlen, doch waren auf dem Markt offensichtlich die deutschen Bären, vor allem von Steiff, erfolgreicher. Jedenfalls ist aus alten Anzeigen zu ersehen, daß die Ideal-Erzeugnisse teilweise stark von Steiff-Bären geprägt worden sind. Außerdem hat Ideal seine Produkte nie gekennzeichnet, so daß Identifizierung und Vergleiche um so schwieriger wurden, je weiter die Zeit fortgeschritten ist. Verwechslungen mit den deutschen Zuwanderern sind daher nicht ausgeschlossen.

Ein typischer, eigenständiger Ideal-Bär ist jedoch an seinen ziemlich großen, tief angesetzten Ohren und den spitz zulaufenden Füßen zu erkennen. 1978 erlebte der Michtom-Ur-Teddy zu seinem 75. Geburtstag ein Comeback als Replikat innerhalb einer Sammler-Edition. Ein etwas molliger, weicher und runderer Neuling erschien als Maskottchen für die ›Good Bears of the World‹.

Shirley Temple, der Kinderstar, war stets von Teddys umgeben und feiert nun bei der North American Company als ›Bearly Tempel‹ fröhlich ein Comeback.

It Seams Olde, Gail Price
Indiana

Gäbe es Teddybären-Zauberinnen, Gail Price würde dieser Zunft mit Sicherheit angehören. Sie wohnt in der Nähe einer kleinen Ortschaft in einem Blockhaus im Wald, wo ihre Bären entstehen. Ein schon lange zur Familie gehörender Teddy, der einst Eigentum ihres Großvaters war, gab ihr den Anstoß für die eigene Produktion. 1988 wurde er ihrer Obhut anvertraut, und seiner Suggestivkraft erlag Gail auf den ersten Blick.

Wie bei allen Teddy-Macherinnen entstehen unter ihren Händen ganz individuelle, charaktervolle, bei ihr außerdem ausgesprochen schwergewichtige Typen. Das bemerkt jeder, der einen davon auf den Arm nimmt. Gails Waldbären sind nämlich mit Sand gefüllt, bis in die Spitzen ihrer langen Pfoten. Bernard und Daphne, zwei ihrer populärsten Geschöpfe, unterscheiden sich so schon durch ihr Gewicht von den fast federleichten, mit allerlei Synthetik gefüllten Knuddeltieren moderner Machart. An Bernard, ganz in Schwarz, und Daphne, in Weiß mit einem blauen Schleifchen am linken Ohr, faszinieren nicht nur Ausdruck und Haltung, sondern auch der besonders feine, kuschelige Mohairpelz. Daß sie das Gewicht eines Kleinkindes auf die Waage bringen, macht sie vielleicht für einige Sammler besonders interessant. Über Mangel an Nachfrage können sich die in Deutschland über exklusive Teddybärengeschäfte beziehbaren Unikate jedenfalls nicht beklagen. Außer der Sandfüllung und ihrem Label versieht Gail Price ihre Geschöpfe mit einem weiteren, unverkennbaren Merkmal: Jedes hat Pfoten, von denen die eine nach innen, die andere nach außen gerichtet ist.

Besonders erfolgreich war bei North American Bear Company Albert, The Running Bear, der im Jogging-Anzug in den USA groß und klein zum Fitneß-Training animierte. Heute macht er sich bereits rar, was wiederum die Sammler auf Trab bringt.

North American Bear Co., Inc.

401 North Wabash, Chicago, Illinois, über Claudia Lässig, Am Fuchsberg 32, 64832 Babenhausen, Tel. 0 60 73/71 13 83, Fax 0 60 73/71 13 84

Bearly Chaplin gehört mit zu den V.I.B.s (Very Important Bears) in der amerikanischen Bären-Gesellschaft.

Bär oder nicht Bär – diese Frage stellt sich bei diesem großen amerikanischen Teddy-Hersteller erst gar nicht. Bei ihm ist einfach alles bärig, Hollywoodgrößen wie Scarlett O'Beara und Rhett Beartler, Lauren Bearcall und Humphrey Beargart, Audrey Hepbearn und Bearilyn Monroe, aber auch die Geistesgrößen der Welt, wofür William Shakesbear und Albeart Einstein zwei Beispiele sind. Seit 1980 haben jährlich zwischen drei und zehn solcher V.I.B.s (Very Important Bears) ihren großen Auftritt, auf den Sammler in aller Welt warten. Diese exklusive Gesellschaft ist besonders aufwendig und akkurat ausgestattet. Namhafte Teddy-Designer sind das ganze Jahr über damit beschäftigt, sie bis ins kleinste Detail kostümgetreu dem jeweiligen Vorbild nachzuempfinden: Bären lassen halt alles mit sich machen! Geht eine V.I.B.-Auflage (ihre genaue Zahl wird nicht bekanntgegeben) dem Ende entgegen, wird dem Restposten ein kleines Schild mit ›Retired‹ (Verabschiedet sich) um den Hals gehängt, und schon gehen die Preise in die Höhe. Ist eine ›Bärsönlichkeit‹ ganz vom Markt verschwunden, bleibt für den zu kurz gekommenen Sammler nur noch die Möglichkeit, per Anzeige nach dem geliebten Objekt – und zu noch höher gekletterten Preis – zu forschen.

Die geschickte Teddy-Verkaufspolitik der North American Bear Company hält die Sammler in Amerika, aber mehr und mehr auch bei uns in ständigem Trab. Denn noch weitere limitierte Sonderpetze kommen im Laufe jeden Jahres auf den Markt. Außer den Weihnachtsbären haben die nimmersatten Knuddeltier-Fans vor allem einen Teddy-Winzling in ihr Herz geschlossen. Das ist Muffy, die kleinste und süßeste Vertreterin der traditionellen Familie der VanderBears. Die ersten vier Familienmitglieder wurden 1983 vorgestellt: Vater Cornelius, Mutter Alice sowie die Kinder Fluffy und Fuzzy. Nesthäkchen Muffy folgte ein Jahr später und wird seither noch mehr als ihre Eltern und Geschwister von den Designern mit einer ständig wechselnden Garderobe verwöhnt, vor allem

zum Weihnachtsfest, wenn Muffy als Weihnachtsengel oder Weihnachtsbaum verkleidet erscheint. Nichts ist eben unmöglich im amerikanischen Teddybärentraum.

Durch allerlei Drumherum, mit Möbeln, Geschirr, Accessoires und einem eigenen Muffy-Club versteht es dieser Hersteller, die Sammler an sich zu binden. Doch das muß man den North American Bears lassen: Originell und witzig sind alle, immer für eine Überraschung gut. Außer diesen Kollektionen gibt es noch eine ganze Reihe weiterer drolliger Bärentypen, die Kinder wie Erwachsene gleichermaßen einnehmen, etwa Albert the Running Bear, einen leidenschaftlichen Jogger, über den es inzwischen eine Bilderbuch-Serie gibt; die beiden Teddys Waldorf & Astoria, Mr. Beeps mit der quietschenden Nase oder die Haferflocken-Bären. North-American-Teddys konzentrieren sich auf Plüschtierläden und auf den Bären-Versand.

Nostalgic Bear Co., Sue Foskey

Ocean View, Delaware

Teddybären sind für die Amerikanerin Sue Foskey zu einem beherrschenden Teil ihres Lebens geworden. Vom Sammeln bis zum Selbermachen war es für sie nur ein kleiner Schritt. Und so verlassen seit 1984 immer wieder neue Modelle ihre Werkstatt, um der Welt und vor allem den Sammlern darin vorzuführen, wie ein richtig altmodischer Bär auszusehen hat. Schließlich verrät schon ihr Firmenlogo, daß sie ganz auf traditionelle Schmusepetze setzt. Daß diese in der Öffentlichkeit Anerkennung finden, beweisen schon die begehrten Preise, die ›Teddy Awards‹, die sie mit schöner Regelmäßigkeit einheimsen.

Sue Foskey setzt gleichermaßen auf Qualität wie Exklusivität. Daher kommt jeder Bär von ihr auch nur in einer Auflage zwischen 100 und 200 Stück heraus. Sie haben inzwischen eine weltweite Fangemeinde und zählen zu den Raritäten auf dem Sammlermarkt. Ihre Liebenswürdigkeit und der hohe Grad an Perfektion, den die Schöpferin von sich selber verlangt, machen sie begehrt. Sie heißen Birthday Bear, Chim Lee der Panda oder Black Bear II., ein besonders netter Vertreter der Bärenzunft

Nostalgic Bear der amerikanischen Teddy-Künstlerin Sue Foskey, der durch sein kindliches Gesicht und die aufgemalten Pfoten besonders anspricht.

mit aufgemalten Pfoten und einem kindlichen Bärengesicht. Nostalgie-Bären können auch bei uns über Teddybär-Läden bezogen werden.

Tabby's Bears

San Jose, Kalifornien

Hinter diesem Firmenkürzel verbergen sich die Bären-Schöpfer Jean Gadano und Mitzi Fry. Seit 1984 sind sie voller Kreativität und handwerklichem Können dabei, ihre in kleiner Stückzahl gefertigten, exklusiven Teddys auf die Sammler loszulassen. Daß ihre Geschöpfe auf eine kaufwillige Fangemeinde stoßen, beweisen schon die langen Lieferzeiten – was den Nachschub betrifft. Auf die jährlichen Neuerscheinungen sind die Liebhaber von Tabby's Bears besonders gespannt. Mollig, was sowohl

Teddy aus der Kollektion von House of Nisbet.

Rustikal: Antony aus der Brumm-bär-Riege.

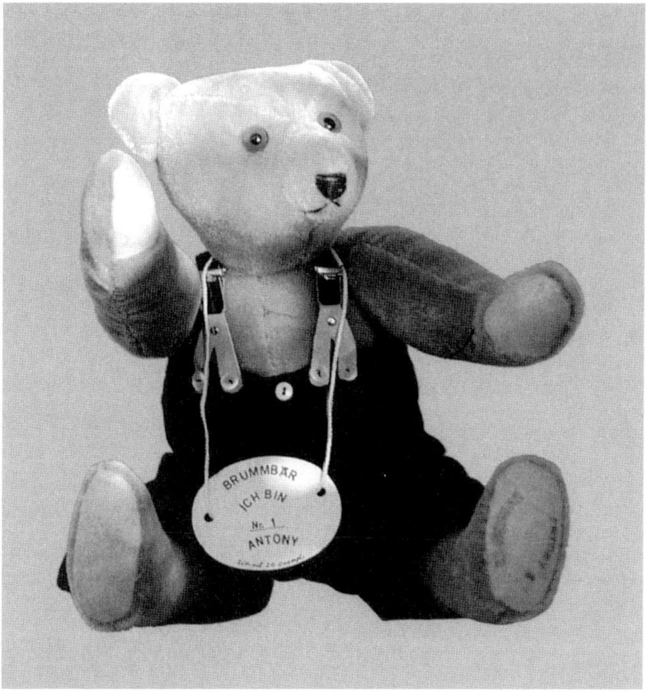

ihre Figur als auch ihre feinen, langflorigen Mohairpelze betrifft, sind Woodrow, der eine elegante Fliege trägt, und Lucy mit niedlichem Kragen, die beiden ersten Vertreter ihrer Familie, bei uns über Teddy-Versandshops zu erwerben.

Ob Patina, ob ganz modern: Viele Wege zu einer interessanten Sammlung

Am Anfang stand wohl vor allem Nostalgie. Die 70er Jahre zählten zu einer Zeit, in der Großvaters Plüschsessel und Omas Sammeltasse wiederentdeckt wurden. Die Sperrmüllkultur einer Aussteiger-Generation entwickelte sich zum modisch-schicken Accessoire der Aufsteiger, die ihre Prestigeobjekte eines neuen Lebensstils allerdings nicht mehr direkt von der Deponie bezogen, sondern über den Flohmarkt erwarben. Wo alles Alte an Wert gewann, manches gar zum Kleinod avancierte, wurden auch altes Spielzeug und in Ehren abgeliebte Teddybären in die neuentdeckte Sammelleidenschaft einbezogen. Viele dieser Altertümchen hatten aber reichlich Haare lassen müssen. Solch ramponierter Zustand, für manchen Sammler entscheidendes Echtheitskriterium ähnlich dem patinierten Grünspan auf alterndem Kupfer, sagte anderen weniger zu. Alt sein oder mindestens so aussehen war ihnen schon wichtig. Doch den Ruch von Gerümpel mußte es nun doch nicht gleich haben.

An solchen Auffassungen scheiden sich seit jeher die Geister. Puristen unter den Sammlern gilt eine Antiquität erst, wenn sie bis zum letzten Astloch aus den Tagen ihrer Entstehung stammt. Andere sind stolz, wenn durch die kundige Hand eines Restaurators aus einem windschiefen, morschen Stück Möbel wieder ein glänzender Gebrauchsgegenstand geworden ist. Und andere wiederum interessiert nur der Stil und die handwerklich perfekte Ausführung, weit weniger jedoch die Entstehungszeit. Ein Teddy-Sammler muß sich zum Glück nicht lange mit solch spitzfindiger Haarspalterei aufhalten. Sieht er einmal ab von den originalen Veteranen, die in guter Erhaltung manch dick gepolstertes Bankkonto ruinieren können, bieten sich zwei Auswahlmöglichkeiten an, beide in ähnlichen Preislagen und daher allein durch den persönlichen Geschmack bestimmt: entweder alte Stücke, deren Geschichte das Fell erzählen kann, oder die nach alten Vorlagen gefertigten Replikate.

Merkmale alter Bären

Echte alte Bären zu erkennen und zu wissen, was sie tatsächlich wert sind, gehört jedoch ohne Zweifel zu den schwierigsten Wissenschaften im Teddy-Metier. Und wer sich keinen Bären aufbinden lassen will, muß erst einmal gründlich Erfahrung sammeln und die wenigen Kriterien, die es zu einer Bärenbestimmung gibt, studieren. Daß ein Schmuseexemplar einäugig, abgeliebt und geflickt ist, bedeutet ja noch lange nicht, daß es den hohen Preis rechtfertigt, der vielleicht dafür verlangt wird. Wie diese nicht selten vier- bis fünfstelligen Beträge manchmal zustande kommen, läßt sich in dem Kapitel ›Auktionen‹ nachlesen. Ob auf dem Flohmarkt oder auf einer Sammlerbörse, hier gilt wie überall die Händlerregel, lieber den Preis zu hoch als zu niedrig ansetzen. Und wer schon vorher Preisvergleiche angestellt hat, kann das Objekt seines Interesses auf seinen realen Wert – falls man bei Teddys überhaupt von einem solchen sprechen kann – herunterhandeln.

Wenn auch einäugig und mit durchgewetzten Sohlen, zeigt sich dieser tapfere Bär doch jeder Auktion gewachsen.

Die Physiognomie eines Teddys kann Aufklärung über sein Alter geben. Außerdem seine Figur, die Länge und Beschaffenheit seiner Gliedmaßen, manche verraten durch ihre Augen, wer und wie alt sie sind. Läßt sich einer freiwillig in den Bauch schauen, weil ein Loch darin oder eine Naht offen ist, läßt sich feststellen, ob er mit alter dunkler Holzwolle oder mit neuer heller gefüllt ist. Wie es heißt, soll es sogar böse Bären-Täuscher geben, die durch Bleichmittel einem noch jungen, rüstigen Teddy das Plüschfell auswaschen, so daß er um Jahrzehnte gealtert aus dieser Prozedur hervorgeht. »Schau mir hinter die Augen, Kleines«, heißt es dann frei nach Humphrey Bogart. Dort zeigt sich der Plüsch im realen Zustand, weil das Bleichmittel meist nicht hierher gelangte. Geschummelt wird auch mit Markenzeichen, wobei der berühmte Knopf im Ohr häufigstes Ziel ist. Möglich ist alles auf diesem Markt, von dem sich so manch einer dicke Profite verspricht und dabei nichts unversucht läßt, dem lieben guten Teddy ans Fell zu gehen. Trotzdem, und gerade weil alles möglich ist, sollte der Liebhaber alter Bären sich nicht entmutigen lassen. Die hier genannten Betrugsmöglichkeiten sind nicht die Regel, sondern noch immer die Ausnahme. Und schließlich gibt es auch noch die vielen vertrauenswürdigen Händler, die selbst große Bärenfreunde sind und um nichts in der Welt einen Verrat an alten Teddys begehen würden. In der Regel kommt man durch Mundpropaganda an die Namen der in Teddy-Kreisen als absolut vertrauenswürdig und integer bekannten Verkäufer alten Spielzeugs. Manche von ihnen besitzen so große Sachkenntnisse, daß sie auch Expertisen für alte Puppen und Teddybären erstellen, die in Fachkreisen anerkannt werden. Mit der Zeit und mit wachsender Erfahrung gewinnt man einen Überblick, und um nicht allzu teures Lehrgeld bezahlen zu müssen, sollte man bis zum Kauf des ersten wertvollen Altbären warten, bis man sich in der antiken Teddy-Welt einigermaßen auskennt.

›Fellverlust und Fehlstellen‹ vermerkte der Auktionskatalog bei diesen Teddys unbekannter Herkunft, die so traurig wirkten, daß sich Bären-Liebhaber ihrer annehmen mußten.

Alte Teddys von Kopf bis Fuß

1903–1920

Kopf – erscheint bis 1905 fast dreieckig, mit ziemlich seitlich angesetzten Ohren, danach runder; Nase lang und spitz, wird ab 1905 stumpfer; Augen aus schwarzen Schuhknöpfen, ab 1908 immer häufiger aus Glas (bei Steiff); Schnauzen bis 1905 aus schwarzem Siegellack, dann quer oder senkrecht gestickt. Manche der Uralt-Bären besitzen auf dem Kopf eine Quernaht, manche auf der Nase eine zusätzliche Mittelnaht (ergab sich aus einer rationellen Stoffnutzung beim Zuschneiden).

Buckel – das typische Merkmal, dem lebendigen Vorbild abgeguckt, zu Beginn der Bären-Ära mehr, dann weniger ausgeprägt (auch durch das Stopfen bedingt), in der Regel bis in die 50er Jahre immer wieder auftauchend.

Anscheibung – bei den ersten Bären von Steiff primitives Anhängen der Gliedmaßen mit Bindfäden (1903/1904), Versuche mit Metallaufhängung (1904/1905), Anscheibung durch zuerst gleich große Pappscheiben mit Metallsplint, später auch Scheiben aus Sperrholz und Metall. Das System wird in der Folgezeit von anderen Plüschwarenherstellern übernommen und hat sich im Prinzip bis heute nicht verändert.

Plüsch – bei Steiff 1903 Rauhplüsch in dunklerem Braun, 1904/1905 wertvoller Glanzplüsch aus Mohair in Dunkelbraun und Weiß, ab 1907 kommt Hellbraun hinzu, billigere Mohairqualitäten werden in Giengen (für den England-Export), aber auch bei den Nachahmern im Sonneberger Raum verarbeitet. In der Kriegs- und Nachkriegszeit bis 1920/1921 auch Wollstoffe, Zellstoffplüsch und (bei Steiff) Brennesselstoff.

Stopfung – die ersten Bären von 1903 und 1904 mit Holzwolle fest gestopft, dadurch recht schwer. Ab 1905 (bei Steiff) sogenannte weich gestopfte Bären mit einem Gemisch aus Holzwolle und Kapok. Bei unbekannten Bärenmachern auch Stroh und Sägemehl zum Stopfen verwendet.

Körper – im Vergleich zu den Gliedern relativ schlank wirkend, später rundlicher werdend.

Stimme – kommt 1905 hinzu, erst einfache Brummstimme, ab 1908 automatische Brummstimme, ab 1912 Druckbrummstimme, insgesamt unterschiedliche Stimmwerke bei den namentlich bekannten und unbekannten Bärenfirmen.

Arme – sie sind ziemlich lang und können zwei Drittel der Körperlänge erreichen. Bei den ersten Bären sind sie an den Enden leicht gebogen, Tatzen relativ spitz zulaufend, Innenseiten der Tatzen aus Filz, bei Nicht-Steiff-Bären auch aus Wollstoff. Bei Steiff bis 1904/1905 fünf aufgestickte Krallen an allen Pfoten, danach nur vier. Bei frühen Hermann-Bären drei Krallen.

Beine und Füße – erste Bären besitzen lange Beine mit kräftigen, keulenartigen Oberschenkeln und großen Füßen, Sohlen aus Filz. Diese Form bleibt bei manchen Bärentypen bis in die 50er Jahre erhalten, Füße werden mit der Zeit kürzer, aber klobiger.

1920–1930

Kopf wird runder, kindlicher. Die Ohren rücken mit der Zeit höher, stehen in den 30er Jahren fast aufrecht. Die Glasaugen sind relativ flach, braun mit schwarzer Pupille, in den 30er Jahren kommen blaue Bärenaugen hinzu (Steiff), bei Hermann, Coburg, Tendenz zum Rötlichen. Schuhknopfaugen sind daneben auch noch gebräuchlich. Die Nasen werden kürzer, in den 30er Jahren kommen runde dazu und die offene Schnauze (Steiff und Nachahmer). Der Teddy lernt das Lächeln durch seitlich hochgestickte Schnauzen. Bei einzelnen Kreationen auch noch Siegellackschnauzen zu finden (Panda von Steiff z. B.).

Buckel – manche Teddys behalten ihn bei, andere aus modernen Kollektionen verzichten jetzt bereits auf dieses markante Merkmal.

Anscheibung – sie sorgt weiter für die Beweglichkeit der Teddys.

Plüsch – Mohair bleibt der bevorzugte Bärenpelz. Neue Farben wie Rosa und Gelb kommen hinzu. ›Ärmere‹ Verwandte ›kleiden‹ sich in billigen Zellwollplüsch oder Kunstseidenplüsch. Besonders beliebt sind jetzt langfloriger Mohair und solcher mit gefärbten Haarspitzen.

Stopfung – meist noch Holzwolle und Kapok gemischt, aber auch schon Reißwolle, Billigbären mit Sägemehl.

Körper – wird insgesamt molliger, rundliche Bäuche sind bei Bären in den 30er Jahren ›in‹.

Arme und Beine – werden kürzer, bei manchen die Füße kleiner.

1930–1950

Kriegsbedingt stagnierende und rückläufige Produktion.

1950–1980

Insgesamt erlebt die Nachkriegszeit den Teddy in seiner bisherigen Form, bis dieser Nachholbedarf befriedigt ist und von den Vereinigten Staaten her der Anstoß zu neuen runderen Bärentypen kommt. Geändert wurden seit den 60er Jahren auch die Fertigungsmethoden, und die alten Materialien lösten neue aus Kunststoff ab.

Kopf – er wird runder, dicker. Viele Bären erhalten jetzt auch ein zusätzliches Make-up durch einen Farbpinsel.

Plüsch – Teddy kleidet sich in superweichen Dralon- oder anderen Kunstfaserplüsch (1961 erstmals bei Steiff, aber auch bei anderen Herstellern).

Stopfung – ab den 60er Jahren werden mehr und mehr Plüschtiere formgeschäumt, das heißt, ein neues Stopfmaterial aus Kunststoff-Flocken und anderen schwer entflammbaren Bestandteilen wird in den Teddy maschinell hineingeblasen. Dadurch wird der Teddy noch weicher und leichter.

Arme und Beine – verlieren weiter an Länge, so daß der Teddy insgesamt ein viel knuddeligeres Aussehen als bisher erhält und sich immer mehr vom Urpetz entfernt.

Doch die Sehnsucht nach ihm erwacht in den 70er Jahren in Amerika, etwas später auch bei uns aufs neue, 1980 erscheint bei Steiff das erste Replikat.

Neue alte Bären

Replikate (engl.: Replicas, auch Replika oder Repliken) sind eine Erfindung der jüngeren Teddy-Geschichte. Mit diesem Begriff werden Neuauflagen älterer oder jüngerer Modelle bezeichnet, die meist schon lange nicht mehr auf dem Markt waren. Es handelt sich dabei ausschließlich um originalgetreue Kopien historischer Vorlagen, im Gegensatz beispielsweise zu jener Kategorie Sammlerbären, die auch die alten Merkmale übernehmen, aus ihnen jedoch völlig neue Typen schaffen. Nicht unter den Begriff Replikate fallen auch die Teddys, die bei Hermann-Spielwaren, Gebr. Hermann, Clemens Spieltiere, Baki, Grisly, Merrythought und Berg seit den 20er oder 50er Jahren ununterbrochen im Programm sind, sich seither gar nicht oder höchstens in der Verarbeitung geändert haben und daher den Charme ihrer Entstehungszeit bewahrten.

In aller Regel werden diese Replikate in limitierter Auflage herausgebracht, entweder in mengenmäßiger Begrenzung oder nur während eines bestimmten Zeitabschnittes. Mit einer Numerierung wird ihre Exklusivität weiter unterstrichen, die am Bären selbst (meist an der Fußsohle) angebracht ist, zumindest aber in einem beigegebenen Echtheits-Zertifikat oder auf der Verpackung. Diese Neuproduktionen richten sich eigentlich ausschließlich an Sammler. Als Kapitalanlage werden sie wahrscheinlich nicht mit den ›echten‹ Alten Schritt halten können, doch werden vergriffene Replikate auf Börsen und Auktionen zum Teil schon mit Preisaufschlägen gehandelt.

Amerikaner, die beim Teddy-Sammeln sowieso schon immer die Nase vorn hatten, begeisterten sich bereits in den 70er Jahren an diesen neu-alten Originalen. Dort ist das Angebot auch am reichhaltigsten. In steigender Zahl erscheinen die ›Museumsbären‹, Neuauflagen von seltenen Veteranen, die in kleinen Mengen fast ausschließlich in öffentlichen Sammlungen zu finden sind.

Es ist sicher kein Zufall, daß besonders die Großen der Branche in diesem Geschäft aktiv sind, Ideal Toy beispielsweise und Merrythought oder Steiff. Die Giengener

Teddy-Clown von Steiff, Replikat von 1926, in einer Auflage von 10 000 Exemplaren 1986 erschienen.

Steiff
KNOPF IM OHR
Teddy
Clown
Replica 1926

produzieren ganze Replikat-Serien ausschließlich für den US-Markt, über die in Europa allerdings nicht gerne gesprochen wird. Wer sich über Art und Umfang informieren möchte, ist auf die Veröffentlichungen in amerikanischen Fachzeitschriften angewiesen.

Trotz aller Geheimniskrämerei haben einige Firmen inzwischen jedoch einen Weg entdeckt, über Reimporte diese US-Ware auch bei uns anzubieten.

Das Sammeln von Replikaten ist sicher eine interessante Sache. Allerdings wird das Angebot ständig größer, so daß es als Spezialgebiet schnell zu umfangreich wird. Man muß selektieren nach Hersteller oder Größe, oder ganz einfach nur nach Bären mit Geschichte fahnden, wofür der Delicatessen-Bär vom House of Nisbet oder die Replikate jenes Steiff-Teddys von 1926, der mit seinem Auktionspreis von 169 000 DM einen nicht wieder erzielten Rekord verzeichnete, Beispiele sind; ferner die Bären zur Deutschen Einheit der beiden Hermann-Firmen und etliche mehr. Auch einzelne Epochen, 1903 bis 1913 oder die 20er Jahre etwa, bieten sich für eine Replikat-Sammlung an.

Replikate seit 1980 von Steiff

1980
Original Teddy von 1905, 43 cm, goldgelber Mohairwebpelz, handgestickte Nase und Krallen, mit Holzwolle gestopft, fünffach beweglich, limitierte Auflage weltweit von 11 000 fortlaufend numerierten Exemplaren, mit von Hans Otto Steiff handsigniertem Zertifikat, weißes Ohretikett;

1983
Richard Steiff-Teddy von 1905, 32 cm, grauer Mohairwebpelz, handgestickte Nase und Krallen, mit synthetischer Faser gefüllt, fünffach beweglich, signiertes Zertifikat mit Anhängeheftchen über die Geschichte des Teddys, weißes Ohretikett;

Blonder Steiff-Teddy, der erstmals 1909 verkauft wurde und 1988 in drei Größen als Replikat den Bären-Liebhabern erneut zur Verfügung stand.

Schwarzer Bär, schon 1907 begehrt und heute als Replikat ganz oben auf der Sammlerliste. Daneben der lächelnde Jackie Bär von 1953, wie der schwarze Teddy ebenfalls mit 4000 Stück erneut aufgelegt.

1984

Stehaufbär von 1894, Museums-Collection, 20 cm, mittelbrauner Tanzbär auf einer massiven Holzhalbkugel mit Stehauf-Funktion, Mohairwebpelz, mit synthetischer Faser gefüllt, limitierte Auflage 9000 Stück, auf Geschenkpackung fortlaufend numeriert, Knopf im Ohr, ohne Etikett; Giengen Teddy-Set von 1906 in Erinnerung an den Geburtsort des Teddys, bestehend aus Mutter-Bär und Baby-Bär in einer Holzwiege, 32 und 10 cm, goldgelber Mohairwebpelz, jeweils fünffach beweglich, Mutter mit Druckstimme, Krallen und Nase gestickt, mit Knopf und weißem Etikett numeriert, Baby nur mit Knopf, limitierte Auflage 16 000 Stück;

Teddybär von 1909, 38 und 51 cm, maisgelber Mohairwebpelz, fünffach beweglich, handgestickte Nase und Krallen, mit synthetischer Faser gestopft, Brummstimme, gelbes Ohretikett;

1985

Dicky-Bär von 1930, 34 cm, gelber Mohairwebpelz, mit synthetischer Faser gefüllt, einer der ganz großen Teddy-

Erfolge mit charakteristischem Gesichtsausdruck und bemalten Pfoten, die ihn von allen anderen unterscheiden, Druckstimme, limitierte Auflage von 20 000 Stück, weißes Ohretikett, numeriert;

Bär auf Rädern von 1905, 12 cm, mit stabilem Metallrahmen und Gußrädern, Museums-Collection, brauner Mohairwebpelz, Füllung synthetische Faser, limitierte Auflage 12 000 Stück, auf Geschenkpackung fortlaufend numeriert, Knopf im Ohr, ohne Etikett;

1986

Teddy-Clown von 1926, 32 cm, mit Filzhut und Halsrüsche, hellgelber langer Mohairwebpelz, mit Holzwolle gefüllt, fünffach beweglich, Brummstimme, gestickte Nase und Krallen, limitiert auf 10 000 Stück, fortlaufend numeriert, Knopf im Ohr, mit weißem Etikett;

1986/87

Jackie-Bär von 1953, das Original wurde anläßlich des 50. Geburtstages des Teddybären herausgebracht, 25 cm,

Stolz auf seinen Erfolg: Steiff-Bär von 1926 als Replikat. Ein Original erzielte auf einer Auktion den Rekordpreis von 169 000 DM.

hellbeiger Mohairwebpelz, mit Holzwolle gestopft, fünffach beweglich, Brummstimme, rosafarbene Halsschleife, Nase und Krallen gestickt, limitierte Auflage 10 000 Stück, fortlaufend numeriert, signiertes Zertifikat, weißes Ohretikett;

1987

Polarbär von 1909, Museums-Collection, 11 cm, wollweißer Mohairwebpelz, gestopft mit synthetischer Faser, Beine gegliedert, patentierter Kugelgelenkhals, Auflage 3000 Stück, auf Geschenkpackung fortlaufend numeriert, Knopf im Ohr, ohne Etikett;

1988

Teddy von 1909, 25, 35 und 43 cm, blond, Mohairwebpelz, Füllung Synthetikfaser, fünffach beweglich, Druck- oder Brummstimme, Nase und Krallen handgestickt, gelbes Etikett;

Teddy Rosé von 1925, 41 cm, rosa Mohairwebpelz, mit Holzwolle gestopft, fünffach beweglich, Brummstimme, Auflage 10 000 Stück, signiertes Zertifikat, weißes Etikett mit fortlaufender Nummer, die Rosé-Tönung dieses Teddys ist ein Zugeständnis an die 20er Jahre;

1989

Wigwag mit Teddybären von 1924, Museums-Collection, ein Bär in Gold, einer in Braun, 24 cm, Mohairwebpelz, Füllung Synthetikfaser, Wagen mit Wippmechanismus, Bären fünffach beweglich, Nasen handgestickt, limitierte Auflage 4000 Stück, Ohretikett weiß mit fortlaufender Nummer;

Baby-Bär auf Wagen von 1939, Museums-Collection, 20 cm, Mohairwebpelz, wollweiß mit goldfarbenen Spitzen, Füllung Holzwolle, dreifach beweglich, Kopf, Nase und Krallen handgestickt, Bär auf Exzenterwagen, Arme bewegen sich beim Fahren auf und ab und klingeln dadurch mit den Glöckchen, limitiert auf 4000 Stück, numeriert auf dem weißen Ohretikett;

Teddybär (schwarz) von 1907, 40 cm, schwarzer Mohair, mit Holzwolle gestopft, Ledernase anstelle der Original-Siegelwachsnase, handgestickte Krallen, fünffach gegliedert, Brummstimme, limitiert auf 4000 Stück, signiertes Zertifikat, weißes Ohretikett mit fortlaufender Nummer;

Jackie-Bär von 1953, 35 cm, unregelmäßig gefärbter beiger Mohairwebpelz, mit Holzwolle gestopft, Druckstimme, fünffach beweglich, auf 4000 Stück limitiert, signiertes Zertifikat, Nase und Krallen handgestickt;

1990

Teddybär mit Maulkorb von 1908, 35 cm, weißer Mohairwebpelz, mit Holzwolle gestopft, fünffach gegliedert, automatische Brummstimme, Nase und Krallen gestickt, genieteter Maulkorb aus Leder, limitiert auf 5000 Stück, signiertes Zertifikat, weißes Ohretikett mit fortlaufender Nummer;

Teddybär von 1926, das Original erzielte 1989 auf einer Auktion 169 000 DM, graubraun, 65 cm, Mohairwebpelz, mit Holzwolle gestopft, fünffach gegliedert, automatische Brummstimme, auf 5000 Stück limitiert, sig-

Rekord-Bär-Replikat aus der Steiff Museums-Collection, 1913 überraschte er mit seinem ungewöhnlichen Vierrad.

niertes Zertifikat, weißes Ohretikett fortlaufend numeriert;

Jackie-Bär von 1953, 17 cm, Mohairwebpelz in beiger Farbe, mit Holzwolle gestopft, Piepsstimme, fünffach gegliedert, limitiert auf 12 000 Stück, signiertes Zertifikat, weißes Ohretikett mit fortlaufender Nummer;

Teddy Rosé von 1925, 25 cm, Mohairwebpelz, mit Holzwolle gestopft, fünffach beweglich, Druckstimme, Nase und Krallen handgestickt, limitiert auf 8000 Stück, signiertes Zertifikat, weißes Ohretikett mit fortlaufender Nummer;

Petsy-Messing von 1927, 35 cm, Mohairwebpelz, mit Holzwolle gefüllt, babyhafter Kopf, fünffach gegliedert, Druckstimme, limitiert auf 5000 Stück, signiertes Zertifikat, weißes Ohretikett mit fortlaufender Nummer;

Record-Teddy von 1913, Museums-Collection, Farbe Goldgelb, 25 cm, der Teddy bewegt sich nach dem Holländerprinzip; eine an der Sitzfläche montierte Druckbalgstimme wird durch die Radumdrehung betätigt; Mohairwebpelz, mit Holzwolle gestopft, fünffach beweglich, limitiert auf 4000 Stück, weißes Ohretikett mit fortlaufender Nummer.

Otto, der Chefkoch, herrscht mit dem Kochlöffel und macht in Sammler-Kreisen von sich reden. Der Nostalgie-Teddy erschien in einer limitierten Auflage.

Replikate Gebr. Hermann KG, Hirschaid

(Marke Hermann Teddy Original)

›*Bernhard*‹ mit Weste, Mohairplüsch, goldfarben, 55 cm, fünffach beweglich, Nase gestickt, Brummstimme, limitierte Auflage 2000 Stück;

Nostalgie-Teddy, Mohairplüsch, altgold, 80 cm, fünffach beweglich, Nase gestickt, limitierte Auflage 500 Stück, Zertifikat;

Nostalgie-Teddy, Mohairplüsch, altgold, 30 cm, mit Spieluhr-Federwerk, fünffach beweglich, Nase gestickt; limitierte Auflage 5000 Stück;

No-No-Bär, 14 cm, auf Displaysockel, Funktionsbär, gold und schwarz, Kopf durch Schwanz beweglich, Mohairplüsch, Nase gestickt, limitierte Auflage 5000 Stück;

›*Lily*‹, 45 cm, Mohairplüsch, lila, fünffach beweglich, Nase gestickt, Brummstimme, limitierte Auflage 2000 Stück;

Eisbär (stehend), 28 cm, Wollplüsch, limitierte Auflage 2000 Stück;

Nostalgie-Stehbär von 1929, Mohairplüsch, caramel, fünffach beweglich, Nase gestickt, limitierte Auflage 2000 Stück; aus dem gleichen Jahrgang ein dunkelbrauner Stehbär, limitierte Auflage 2000 Stück, Zertifikat bei beiden;

›*Violett*‹, mit Hut und Korb, bekleidet, 17 cm, Mohairplüsch, caramel, Nase gestickt, limitierte Auflage 2000 Stück;

›*Otto der Chefkoch*‹, mit Kochlöffel und Rezept, bekleidet, 30 cm, Mohairplüsch, altgold, fünffach beweglich, Brummstimme, Nase gestickt, limitierte Auflage 2000 Stück, Zertifikat;

Nostalgie-Teddy, Funktionsbär, 30 cm, Kopf durch Schwanz beweglich, sandfarbener Mohairplüsch, Nase gestickt, limitierte Auflage 4000 Stück, Zertifikat;

Antik-Bär ›Willy‹, 35 cm, dunkelbrauner Mohairplüsch, fünffach beweglich, Nase gestickt, Brummstimme, limitierte Auflage 4000 Stück, Zertifikat;

Nostalgie-Teddy ›Harlekin-Bär‹, 30 cm, schwarzer Mohairplüsch, schwarzweiße Halskrause, fünffach beweglich, Nase weiß gestickt, Brummstimme, limitierte Auflage 2000 Stück, Zertifikat;

Nostalgie-Teddy ›Country-Bär‹ von 1918, 55 cm, Mohairplüsch in Beige, fünffach beweglich, Nase gestickt, Brummstimme, limitierte Auflage 3000 Stück, Zertifikat;

›The German Wall Bär‹, mit einem Stein der Berliner Mauer im Rucksack, 30 cm, Mohair, fünffach beweglich, gestickte Schnauze, limitierte Auflage 2000 Stück, mit Zertifikat;

Sonneberg-Bär, Replikat von 1922, 50 cm, caramel, Mohair, fünffach beweglich, gestickte Schnauze, Brummstimme, limitierte Auflage 4000 Stück, mit Zertifikat;

›Harlekin-Lady‹, bekleidet, 30 cm, weißer Mohair, fünffach beweglich, gestickte Schnauze, limitierte Auflage 2000 Stück, Zertifikat;

Teddybär aus Anlaß der Deutschen Vereinigung, 45 cm, goldfarbener Mohair, fünffach beweglich, gestickte Schnauze, Brummstimme, limitierte Auflage 4000 Stück, einzeln numeriert.

Replikate Hermann Spielwaren GmbH, Coburg

(Marke Hermann Plüschtiere)

Teddybär zum Tag der Deutschen Einheit, herausgebracht zum 3. 10. 1990, Nachbildung des Teddybären mit der Original Artikelnummer 112/40 aus einem Katalog der 20er Jahre von Max Hermann in Sonneberg/Thüringen, gelber Mohairwebplüsch, original eingefärbt nach alten Mohairplüschvorlagen, fünffach beweglich, mit Holzwolle gefüllt, limitierte Auflage 3000 Stück, gekennzeichnet und numeriert unter der rechten Fußsohle; Zertifikat;

Besonders attraktiver Hermann-Jubiläums-Teddy aus hellem Mohair mit braunen Spitzen, Auflage 3000 Stück.

Zum Tag der Deutschen Einheit erschien bei Hermann-Spielwaren ein Bär in limitierter Auflage, der nach Alt-Sonneberger-Art mit Holzwolle per Hand von einem alten Spezialisten aus der Thüringer Spielzeugstadt gestopft ist.

Old German Teddy Bear, Replikat von 1929, Original Artikel-Serie 115 von Max Hermann, Sonneberg/Thüringen, 40 cm, caramelfarbener und brauner Mohairwebplüsch mit dunkleren Spitzen, fünffach beweglich, mit Holzwolle gefüllt, limitierte Auflage je 3000 Stück, gekennzeichnet und numeriert unter der rechten Fußsohle;

Teddybären ›Modern Art‹, gefertigt nach Ideen aus den Jahren zwischen 1944 und 1949 als Max-Hermann-Teddybären aus artfremdem Kundenmaterial wie Sofastoffen und Gobelindecken, ein Bär hell, einer dunkel, mit Samtpfoten, -ohren und -nase, Glieder angenäht, limitierte Auflage 3000 Stück;

Rechts: Teddy-Paar als Braut und Bräutigam, die 25 cm großen ›Hochzeits-Bärchen‹ von Hermann samt Gefolge.

Mohairbären nach Vorbildern aus den 20er Jahren, in acht Größen zwischen 16 und 43 cm, goldfarben, fünffach beweglich, ab 30 cm mit Brummstimme, mit Holzwolle gefüllt, Teddys wahlweise mit grüner Schleife oder Halskrause;

Mohairbären in Weiß, 20er Jahre, mit roten Schleifen, auch als Clown mit Filzmütze und Halskrause, fünf verschiedene Größen, zwischen 16 und 33 cm mit Brummstimme, fünffach beweglich;

Mini-Mohairbären, 9 cm;

Mohairbären mit langem Flor, in Caramel und Dunkelbraun mit gefärbten Florspitzen, fünffach beweglich, Größen zwischen 30 und 45 cm, Brummstimme, Fußsohlen und Tatzen mit Lederbesatz;

Hochzeitsbärchen, 25 cm, Mohairwebplüsch, goldfarben, Arme und Beine biegbar, bekleidet, auch in anderer Garderobe als Matrosenpaar, Page, Clown, Trachtenbärchen als Nachbildung aus dem Spielwarenmuseum Sonneberg von 1933, Serie 111;

Jubiläumsteddybären, Nachbildung des Hermann-Bären aus den 20er Jahren, Mohairwebplüsch, in vier Größen zwischen 16 und 43 cm, fünffach beweglich.

Replikate Baumann & Kienel KG, Rodach

(Markenname Baki)

Nostalgie-Teddybär, 32 cm, goldfarbener Mohair, fünffach beweglich, Nase und Krallen gestickt, limitierte Auflage 1000 Stück.

Replikate Grisly-Spielwaren GmbH + Co. KG

Kirchheimbolanden

Nostalgie-Teddy von 1954, 40 cm, maisfarbener Mohair, fünffach beweglich, Nasen und Krallen gestickt, limitierte Auflage 1000 Stück, gekennzeichnet unter der linken Fußsohle, Zertifikat;

Nostalgie-Teddy von 1955, 40 cm, brauner Mohair, fünffach beweglich, Nase und Krallen gestickt, limitierte Auflage 2000 Stück, gekennzeichnet unter der Fußsohle, Zertifikat;

Nostalgie-Teddy von 1956, 40 cm, hellcaramel, Mohair, fünffach beweglich, Nase und Krallen gestickt, limitierte Auflage 2 000 Stück, unter der linken Fußsohle gekennzeichnet, Zertifikat.

Replikate Althans KG, Neustadt

Nostalgie-Teddy, altgold, 28 und 50 cm, Mohairwebplüsch aus alten Beständen, fünffach beweglich, Nase gestickt, Auflage bei 28 cm limitiert auf 2000 Stück, bei 50 cm auf 1000 Stück. Urkunde mit fortlaufender Nummer und Geschichte von Althans, außerdem unter der linken Fußsohle numeriert und signiert.

»Lisa« und »Perla«, zwei treue und lustige Gefährten aus der Schweitzer Mutzli-Bären-Bande.

Moderne Teddys

Patina alleine bringt noch keinen Glanz in eine Sammlung. Mit dieser Binsenweisheit muß sich auch der Teddy-Freund herumschlagen, der eine Kollektion auf- oder ausbauen möchte. Die Devise ›Klasse statt Masse‹ ist zwar sehr attraktiv, wird sich aber nur sehr begrenzt realisieren lassen, zumal wenn sich jemand auf alte, rare und dazu gut intakte Bären, also die eigentlichen Sammlerstücke, spezialisieren möchte.

Solche Stücke tauchen recht selten auf, so daß das ständige, meist erfolglose Hinterherlaufen nach diesen Exponaten ganz schön frustrierend werden kann, von den Kosten ganz zu schweigen. Wem es nicht so sehr auf die Patina, sondern auf Klasse ankommt, der hat es da schon einfacher. Hier bieten sich außer den Replikaten noch eine Reihe anderer Möglichkeiten, vor allem, wenn jemand in die Zukunft sammelt, also nicht auf schnelle Wertsteigerung aus ist, sondern eine gediegene Kollektion im Auge hat. Die läßt sich originell aufbauen und erweitern, und bei alledem bereitet sie noch viel Spaß und

Aus der aktuellen Produktion des Giengener Unternehmens: die bezaubernden Eisbären.

Freude. Dort hinein paßt durchaus der eine oder andere Veteran, der einem über den Weg läuft und dem man nicht widerstehen kann.

Selbst die ganz normalen Schmuseteddys, die es heute in jedem Spielwarengeschäft zu kaufen gibt, können den Grundstock für eine Sammlung abgeben. Schließlich kommen unsere heute so begehrten Stücke aus genau der gleichen Quelle, haben dann allerdings einige Kinderzimmer durchwandert, ehe sie zu Sammlerehren kamen. Ist diese nachgerückte Bärengeneration erst einmal abgeliebt, wird solch ein Schatz unbespielter Altersgenossen besonders wertvoll, wie uns zumindest die bisherige Entwicklung lehrt. Und das gilt um so mehr, je weniger Sammler heute auf die Idee kommen, dem aktuellen Angebot die Ehre zu erweisen.

Ein vielleicht noch interessanteres Gebiet sind die Sammlerbären, von den Herstellern vornehmlich zu dem Zweck produziert, bei den Liebhabern Anerkennung zu finden. Sie sind aus hochwertigem Material hergestellt und bezaubern häufig durch ihre originellen Accessoires. Geschickten Bastlern und Puppenschneiderinnen bietet sich hier außerdem die Möglichkeit, mit unterschiedlicher Kleidung und entsprechendem Interieur originelle Ensembles zusammenzustellen. Wer sich solche Arbeit nicht machen will, erhält in den Teddy-Fachgeschäften oder von den Fachversendern ein mehr als reichhaltiges Angebot solcher Typen. Besonders aus den USA und England kommen sie in immer neuer Ausstattung, einer origineller, witziger als der andere. Hier tun sich ganz neue Spezialgebiete auf, bei der unter Umständen eine einzige Teddy-Familie in unterschiedlichem Outfit schnell ein ganzes Wohnzimmer ausfüllen kann.

Zum Hochadel unter den neuen Petzen gehören jedoch die Arbeiten der Bären-Macherinnen und -Macher, die in nur sehr kleiner Stückzahl oft sogar als reine Unikate produziert werden. Das sind die edlen Stücke für Individualisten unter den Sammlern. Denn wer wirklich auf Exklusivität seiner Kollektion aus ist, wird sich hier bedienen können. Einige Adressen dieser Produzenten sind im Kapitel ›Hersteller‹ aufgeführt. Auch einige Versandshops (Adressen unter ›Fachhandel‹) haben solche Kleinstserien im Programm.

Teddys an Nummern erkennen am Beispiel Steiff

Wer das Glück hat, einen alten Teddybären sowohl mit Knopf im Ohr als auch mit einem daran festgeklemmten Fähnchen zu ergattern, kann schnell und genau alle wichtigen Daten über ihn herausbekommen. Das Unternehmen Steiff kennzeichnete so von Anfang an auf einzigartige Weise seine Plüschtiere und Puppen. Zwar führten auch andere Hersteller Nummernsysteme ein, doch nicht in dieser Konsequenz und – das Entscheidende – mit diesem Hafteffekt, dem festgezwickten Metallknopf im Ohr. Von besorgten Müttern wurde dieser zwar auch abgenommen, doch viele Bären behielten ihn bis heute. Nummern anderer Teddy-Macher tauchten vielleicht in Preislisten und Katalogen auf, jedoch nicht am Bären. Eingeführt wurde das Steiffsche Nummernsystem offiziell 1905 und findet sich ab 1908 auf dem Fähnchen aufgedruckt. Gebräuchlich waren vierstellige Nummern und eine Zahl nach einem Komma.

Die erste Zahl gab die Stellung an: 1000 = stehend, 2000 = liegend, 3000 = sitzend usw.
Die zweite Zahl gab Auskunft über den Stoff: 0100 = Filz, 0200 = Kurzplüsch, 0300 = Mohairplüsch usw.
Die dritte und vierte Zahl waren für die Größe reserviert: 0014 = 14 cm, 0017 = 17 cm usw., bis 1934 im sitzenden Zustand gemessen, dann stehend.
Die Zahl nach dem Komma war der Ausstattung vorbehalten: 0000,0 = ohne Räder, 0000,1 = mit Druckbalgstimme, 0000,2 = mit automatischer Stimme usw.

Ab 1959 wurden der Zahlenreihe noch drei Ziffern vorangesetzt, die den Artikel bezeichneten und nicht auf den Fähnchen auftauchten. Eine zweite Zahl nach dem Komma gab die Farbe an.

Übrigens erkennt der Experte einen echten alten Steiff-Bären auch noch an seinem Gewicht, das in preußischer Genauigkeit für jeden genormt war. Kleine Schwankungen ergeben sich hier durch Austrocknen der Holzwolle und durch Substanzverlust.

Hermann-Spielwaren GmbH, Coburg, kennzeichnete die Teddys, wie aus Katalogseiten von 1920 und 1932 ersichtlich, nur mit einer Stoffnummer und mit der Größe des jeweiligen Bären. Farbe und Ausstattung ließen sich nicht ablesen.

Das Steiff-Clubbärchen 1997.

Sammler sucht Sammelteddy

Ein Sammler wäre kein solcher, bliebe sein Interesse nicht darauf ausgerichtet, die eigene Kollektion weiter auszubauen, sie möglichst zu komplettieren. Diese Binsenweisheit erklärt das zwischen Unrast und heiterer Gelassenheit pendelnde Jagdfieber, das jeden Sammler befällt, sobald er in seiner Nähe Teddybären mit fremdem Stallgeruch schnuppert. Doch ehe ihm der adelnde Ruf eines ›Arctophilen‹ (was für die Leidenschaft des Teddy-Sammlers steht) vorauseilt, müssen viel Arbeit, Schweiß und Lehrgeld investiert werden.

Ein möglichst großer Verwandten- und Freundeskreis mag anfangs recht nützlich sein, die noch bescheidene Teddy-Kollektion zu bereichern. Doch solche Quellen sind bald erschöpft, andere müssen angebohrt werden. Relativ unkompliziert ist der Kauf beim Handel. Der reicht vom ganz normalen Spielzeuggeschäft bis hin zu den Spezialisten mit ihren manchmal museumsreifen Unikaten. Wer auf dem Flohmarkt fündig werden will, benötigt vor allem Ausdauer. Konzentrierter ist das Angebot auf den verschiedensten Spielzeugbörsen und -märkten, die in zahlreichen Orten organisiert werden. Auktionshäuser erzielen manchmal hohe Zuschlagpreise; sie haben die Möglichkeit, sich aus den Einlieferungen die Spitzenqualität herauszuklauben und ihre Exklusivität durch die Kurzexpertisen im Katalog noch herauszustreichen. Kleinanzeigen in den örtlichen Tages- oder Wochenzeitungen bringen Kontakt zu Leuten, bei denen irgendwo ein alter Bär verstaubt, und über die Fachpresse erreicht man verkaufs- und tauschwillige Mitsammler.

Über diese unterschiedlichen Bezugsquellen handeln die folgenden Seiten. Jedem Kapitel sind Adressen hinzugefügt, die von uns nach bestem Wissen, jedoch ohne Gewähr zusammengestellt wurden. Wie ihre Vielfalt ahnen läßt, kann die Teddy-Leidenschaft, die als liebes

Alte, abgespielte Teddys werden immer rarer. Mit etwas Glück kann man sie auf Spielzeugbörsen oder Auktionen noch ergattern, wie dieses Bären-Trio.

Hobby nebenbei begann, sich schnell zu einer freizeitfüllenden Betätigung auswachsen. Als einziger Trost bleibt die Gewißheit, daß es jedem einzelnen überlassen bleibt, wieviel Zeit und Geld er in seine Kuscheltiere investieren möchte. Und da die Geschmäcker zum Glück so verschieden sind, wird jeder Sammeleifer eines Tages belohnt. Und jeder irgendwo in die Eiseskälte der freien Marktwirtschaft entlassene Teddybär findet demzufolge irgendwann auch wieder ein neues, gemütliches Heim.

Fachhandel: Der schnelle Weg zum Sammelteddy

Die Händler mit kostbaren Antiquitäten und ihre Kollegen aus der Trödelbranche haben eines gemein: Kein Preisschild verunziert die in ihren Schaufenstern ausgestellte Ware. Unbeeinflußt vom schnöden Mammon soll sich der Passant ganz auf das Objekt seiner Begierde

konzentrieren können. Spätestens drinnen im Laden landet er beim Gespräch über den Preis dann in aller Regel sowieso wieder auf dem Boden der Realität. Dem Teddy-Freak wird es da nicht anders gehen als den Freunden anderer alter und schöner Dinge. Doch ist und bleibt der Handel die Drehscheibe, auf dem schnellsten Weg seiner Kollektion ein weiteres Schmuckstück einzufügen.

Das Spielwaren-Fachgeschäft oder die entsprechende Abteilung eines Kaufhauses sind eine beliebte erste Anlaufstation. Nicht nur der Anfänger kann hier fündig werden. Schließlich haben viele Plüschwaren-Hersteller heute ein qualitätsvolles Programm, das in Material wie Verarbeitung perfekt ist und jedem Teddy trotzdem einen Touch von Individualität beläßt. Strahlt er Charisma und Charme aus, findet sich für ihn schnell ein Liebhaber. Und der kann ihn in der Gewißheit mit nach Hause nehmen, daß das, was heute neu ist, in spätestens 20 Jahren sowieso schon wieder als Altertümchen gilt. Wer sich über solche erste Gehversuche des Neulings, über dessen fabrikneue Ladenschönheiten mokiert und statt dessen auf die Raritäten aus seiner eigenen Kollektion verweist, ist wenig aufgeklärt über die ideelle Seite des Teddy-Sammelns. Er mißversteht sich gründlich in seiner Rolle eines ›gestandenen‹ Sammlers. Natürlich hebt der Geldwert zusammengetragener Schätze den Besitzerstolz, und er mag sogar Pate gestanden haben beim Aufbau der plüschenen Menagerie. Doch als alleiniger Maßstab eignet er sich kaum. Ein Teddy taugt eben nur bedingt als Wertanlage wie Aktien oder andere Investitionen. Daß man mit solch einer spekulativen Einstellung schwer auf die Nase fallen kann, hat die Geschichte mehr als einmal gelehrt.

Von den Teddys aus der aktuellen Produktion ist es sowieso nur ein kleiner Schritt zu den Replikaten, die von den Herstellern nach alten Vorlagen originalgetreu und in Handarbeit, dazu häufig in limitierter Auflage, angeboten werden. Wegen der aufwendigen, arbeitsintensiven Fertigung hat solch ein Exemplar natürlich seinen Preis. Doch den ist es in aller Regel wert. Solche Repliken gibt es ebenfalls im Fachhandel. In großer Auswahl finden sie sich vor allem in besonderen Teddy-Fachgeschäften, die in jüngster Zeit vor allem in unseren Großstädten aufgemacht haben. Ihre Inhaber sind in der Regel kundige Spezialisten, die ihr Sortiment auch auf besonders schöne Serien ausländischer, meist englischer und amerikanischer Produktion ausgeweitet haben. Diese mit Bären vollgestopften Läden sind wahre Informationsbörsen. Kunden kommen direkt in Kontakt, das gemeinsame Interesse liefert Gesprächsstoff genug und führt nicht selten zu gegenseitigen Besichtigungs-Einladungen.

Auf solch interessante und oft rare Teddys haben sich auch Versandhändler spezialisiert, die in der Regel kein Ladengeschäft unterhalten und ihre Ware per Katalog anbieten. Einige von ihnen sind wie ihre Kollegen mit eigenem Laden in der nachfolgenden Liste aufgeführt. In den Fachzeitschriften (siehe Seite 223ff.) finden sich sicher noch weitere Adressen. Dort inserieren auch Anbieter, die von deutschen Firmen ausschließlich für den amerikanischen Markt produzierte Serien nach Europa reimportieren. Bei ihnen wird fündig, wer nach den Teddys sucht, die sonst nur in den Anzeigen amerikanischer Sammlerzeitschriften auftauchen.

Schließlich gibt es auch noch die dem Antiquitätengeschäft verwandten Spezialhändler, die nur alte Teddys, meist in Gemeinschaft mit Puppen, in ihrem Programm haben. Deren Angebot besteht natürlich nur aus Einzelstücken, die schon etliche Jahre oder Jahrzehnte auf ihrem mehr oder minder ausgeprägten Buckel haben. Anders als bei Neuware haben sie keine empfohlenen Ladenpreise. Die werden frei kalkuliert. Es gehört also schon eine gehörige Portion Erfahrung dazu, als Käufer auf Anhieb zu erkennen, ob ein genannter Preis seriös ist oder aber recht einseitig zugunsten der Gewinnmarge des Verkäufers kalkuliert wurde. Preisvergleiche einholen sollte auch jeder, der einen alten Teddy verkaufen will oder muß. Sind sich beide Seiten erst einmal einig, gibt es dann auch direkt Bargeld gegen Ware. Gerade das Geschäft mit alten Bären ist nicht zuletzt eine Vertrauenssache. Ein guter Händler wird daher auch durchaus Verständnis aufbringen, wenn sein Kunde bei Kauf oder Verkauf zögert und abwägt. Denn schließlich ist nur ein Geschäft, das beide Seiten befriedigt, eine gesunde Basis für langfristige Geschäftsbeziehungen mit dem Sammler.

Adressen

In diese ortsalphabetisch sortierte Aufstellung wurden Teddy- Spezialhändler aufgenommen sowie solche Geschäfte, die ein breites Sortiment origineller oder alter Sammlerbären führen. Reine Versandhändler wurden, soweit bekannt, als solche gekennzeichnet.

DEUTSCHLAND

ALFELD/LEINE

Teddybär & Nostalgie, Susanne & Leonard Dittmann
Hauptstraße 51, 31061 Alfeld/Leine – Ortsteil Eimsen, Tel. 0 51 81/8 17 54, Fax 0 51 81/2 71 55
Teddy-Veteranen sowie Bären von Hermann Coburg (VIP-Händler), sigikid (Club-Händler), Hermann Hirschaid, Clemens, Nisbet, Merrythought, Dean's, Grisly u. v. a. Besuch nach tel. Absprache.

BERLIN-MITTE

Bärenstark
S-Bahnbogen 201, 10117 Berlin-Mitte, Tel. 0 30/2 08 25 90, Fax 0 30/2 08 26 79
Teddys bekannter Firmen, Künstlerbären, limitierte Auflagen, Steiff-Club-Händler.

BOMLITZ

Brummbär
Postfach 1146, 29699 Bomlitz, Tel. 0 51 97/3 33, Fax 0 51 97/3 23
Umfangreiches Angebot an Nisbet-, aber auch anderen Bären wie Hermann Teddy Original und Unikaten aus eigener Werkstatt; außerdem Fotos und Poster mit Bären-Stilleben, kleines Museum.

BURBACH

Lukas Bär, Teddybär- und Sammlershop, Karin Kroll
Jägerstraße 23, 57299 Burbach, Tel. u. Fax 0 27 36/5 06 42
Alte Bären, Künstlerbären, Bärenmacher-Zubehör.

Dortmund

Bear by Bear, H & M Schepp
Kleppingerstraße 22, 44135 Dortmund,
Tel. 02 31/73 47 50 u. 57 18 39, Fax 02 31/7 02 72
Der Teddybären-Groß- und Einzelfachhandel bietet klassische und neuere Bären verschiedener Hersteller an. Prospekt kann angefordert werden.

Gladbeck

Die Puppenstube, Hannelore Misch
Horster Straße 53, 45964 Gladbeck, Tel. u. Fax 0 20 43/ 2 21 87
Großes Angebot neuer Sammlerbären und handgearbeiteter Teddys; Kurse.

Hamburg

Die Hamburger Bärenhöhle
Kohlhöfen 29, 20355 Hamburg, Tel. u. Fax 0 40/3 58 90 64
Teddys zum Spielen und Sammeln, Replikate und Sonder-Editionen auch aus USA und England.

Puppenstube Brigitte Lohrmann KG
Valentinskamp 34, 20355 Hamburg, Tel. 0 40/34 41 35,
Fax 0 40/35 34 14
Fachgeschäft; Teddys von Hermann, North American Bear Co., Canterbury, Steiff, Grisly, House of Nisbet; spezialisiert auf Bären in Miniaturformat (1,5 und 5 - 6 cm), vor allem der Engländerin Anita Oliver, in limitierter Auflage; allerlei rund um den Teddybären wie Schmuck, Zeichnungen, Postkarten usw.

Heidelberg

Teddybären und Plüsch, Jutta Hartmann
Wieblinger Weg 55, 69123 Heidelberg, Tel. 0 62 21/8 40 60,
Fax 0 62 21/83 34 73

Shop Best Friends
Dossenheimer Landstraße 64, 69121 Heidelberg,
Tel. 0 62 21/4 96 15
Steiff-Sondermodelle weltweit, große Auswahl limitierter Sammler-Teddys, sigikid Club, Steiff Club, Muffy Vanderbear Club, Dean's Club, Merrythought Club, J. R. Wright Club.

Herdorf

I. Melms
Schneiderstraße 43, 57562 Herdorf, Tel. 0 27 44/60 16, Fax 0 27 44/85 63
Fachgeschäft; führt limitierte Teddys und Zubehör.

Hilden

Teddys & Cats
Markt 6, 40721 Hilden, Tel. 0 21 03/5 43 43, Fax 0 21 03/68 30 89
Teddys mit limitierten Auflagen, Nostalgie-Teddys, Accessoires etc.

Kelsterbach

Andreas Xenidis
Mainstraße 64, 65451 Kelsterbach, Tel. 0 61 07/6 13 42 u. 42 92, Fax 0 61 07/6 13 32
Teddys, Steiff-Tiere usw., An- und Verkauf; Fachmann für alte Bären mit umfangreicher eigener Sammlung.

Köln-Weiden

Teddys Welt
Rheincenter, Aachener Straße 1253, 50858 Köln-Weiden, Tel. 0 22 34/7 11 58, Fax 0 22 34/94 34 77
Teddys für Sammler und Liebhaber.

Ladbergen

Plüschtierdirektversand Rüdiger Lübben
Postfach 1201, 49549 Ladbergen, Fax 0 54 85/27 63
Replicas und limitierte Auflagen namhafter Firmen wie Hermann Teddy, Hermann Spielwaren, Clemens, Grisly und sigikid.

Mönchengladbach

T. Kellers, Puppen- und Bärenklinik
Schürenweg 60, 41063 Mönchengladbach, Tel. 0 21 61/20 81 04, Fax 0 21 61/20 76 48
Spezialhändlerin mit An- und Verkauf alter Teddys; eine der wirklich kundigen Bären-Restauriererinnen mit internationaler Reputation und umfangreichem Materialbestand.

Puppenstübchen, Annemarie Engelmann
Hindenburgstraße 242, 41061 Mönchengladbach,
Tel. 0 21 61/20 48 28
Teddybären der Firmen Steiff, Nisbet, Hermann Hirschaid, Merrythought, Canterbury u. a.

MÜNCHEN

Bären-Oase
Aberlestraße 3, 81371 München, Tel. 0 89/7 25 11 45
Teddys internationaler Hersteller, Steiff-Händler, Künstlerbären, Bärenmacher-Zubehör.

Elke Kraus, Teddy-Klinik
Ruffinistraße 13, 80637 München,
Tel. 0 89/1 65 55 u. 16 99 83
Handgefertigte Teddys eigener Kollektion. Beschädigte Bären werden von ihr betreut und sehr sachkundig wieder aufgepeppt.

Münchner Puppenstuben & Zinnfiguren Kabinett, Ilse Schweizer
Maxburgstraße 4, 80333 München, Tel. 0 89/29 37 97,
Fax 0 89/29 24 24
Verkauf handgefertigter Teddys, Unikate der Teddybärenmacherinnen, große Auswahl an Miniaturbären ab 3 cm, ausgesuchte Bären deutscher Hersteller, einmal im Jahr große Bären- und Puppenausstellung.

Puppen- und Bärenparadies, Linda Hackel
Rindermarkt 2/Marktpassage, 80331 München,
Tel. 0 89/26 87 41
Bären deutscher, amerikanischer, englischer und neuseeländischer Bärenmacher.

NIEDERNHAUSEN/TAUNUS

Silvia's Sammlerladen, Schwatlo GmbH
Frankfurter Straße 8, 65527 Niedernhausen,
Tel. 0 61 27/82 20 (Laden), 0 61 98/3 29 70 (Büro),
Fax 0 61 27/31 70
Sammler-Teddys, daneben Replicas incl. Reimporte aus Amerika und Japan; Steiff-Kollektion. Die Firma ist auf zahlreichen Sammlerbörsen vertreten.

Reutlingen

Bärenparadies, Hanni Kunath
Rommelsbacher Straße 20, 72760 Reutlingen
Nur Versand; Katalog kann angefordert werden. Teddys mit limitierten Auflagen (Hermann Teddy Original, Hermann Plüschtiere, Clemens, Grisly, Käthe Kruse), auch ausländische (Nisbet, Merrythought, Lenci, Dakin, Berg, Tiere mit Herz, Dean's), Designerbären von Karin Heller, Heike Gumpp, Gertrude Hoffmann; Spiel- und Kuschelteddys; Literatur.

Rothenburg ob der Tauber

Teddyland, Matthias Unger
Herrngasse 10, 91541 Rothenburg ob der Tauber,
Tel. 0 98 61/89 04, Fax 0 98 61/89 44
Großes Angebot an klassischen Teddys und limitierten Künstlerbären aus aller Welt, Sonderausstellungen und Aktionen, auch sonntags (10–18 Uhr) geöffnet.

Starnberg

Kunststuben Starnberg
Hanfelder Straße 2, 82319 Starnberg, Tel. u.
Fax 0 81 51/1 21 44
Exklusiv für die Kunststuben gearbeitete Bären namhafter Künstlerinnen, Jahres-Sonderedition ›Kaschbärle‹ – der Bär als Kasperle – in limitierter Stückzahl.

Stuttgart

Kurtz-Bärenwald, Spielwaren Kurtz
Marktplatz 10, 70173 Stuttgart, Tel. 07 11/23 85 20
Sammler- und Spielbären verschiedener Hersteller, internationale Designerbären, Veranstaltungen mit Bärenschau.

Wilhelmshaven

Bären Schmiede, W. + J. Swyter
Gökerstraße 37, 26384 Wilhelmshaven,
Tel. 0 44 21/99 33 93, Fax 0 44 21/99 33 96
Große Auswahl an Sammlerbären von Hermann Cortendorf, Hermann Hirschaid, sigikid, Grisly, Barbara Ann Bears, Muffys, Baki, Steiff, Clemens, Schuco, Bing sowie Teddybücher und alles zum Teddybasteln.

ÖSTERREICH

PURKERSDORF BEI WIEN

Der Bärenladen, Ilse Wimmer
Hauptplatz 12, Passage, 3002 Purkersdorf/Wien,
Tel. u. Fax (00 43) 22 31/40 05
Alte Sammlerbären, Teddys von Steiff, auch Sondereditionen und Replikate, Wienerwaldbär, Bären namhafter internationaler Hersteller, bäriges Zubehör.

SCHWEIZ

BASEL

Gretl Sutter, Zur Puppenfee
Gerbergasse 83, CH-4001 Basel, Tel. (00 41) 61/2 61 03 33
An- und Verkauf von Puppen und Teddys; Verkaufsausstellungen; große Auswahl alter Sammlerbären und Schwerpunkt Künstlerbären.

FRIBOURG

Franzy's Puppen & Teddy Paradies, Françoise Suter-Neuhaus
Metzgerngasse 3, CH-1700 Fribourg,
Tel. (00 41) 26/3 22 4765, Fax (00 41) 26/4 70 16 04
Sammlerbären, exklusive Minibären, Bären-Klinik und Zubehör.

FRICK

Boutique Brummbär
Hauptstraße 88, CH-5070 Frick, Tel. (00 41) 62/8 71 09 20,
Fax (00 41) 62/8 71 09 21
Teddys namhafter deutscher und internationaler Hersteller.

LUZERN

Mobil Box
Stadthofstraße 11, CH-6006 Luzern, Tel. u.
Fax (00 41) 41/4 10 51 66
Sammlerbären, Künstlerbären.

BELGIEN

BRÜSSEL

Cadeau Rêvé, Teddy-Versand
BP 228, B-1050 Brüssel 5, Tel. (00 32) 2/6 42 91 94,
Fax (00 32) 2/6 48 93 98
Steiff-Club-Store, Sonderedition des Malers ›Breughel‹, erster Steiff-Bär für Belgien.

NIEDERLANDE

DORDRECHT

Berelijn, Teddybärengeschäft und -versandhaus
Voorstraat 269, NL-3311 EP Dordrecht,
Tel. (00 31) 7 86/31 80 28, Fax (00 31) 7 86/31 04 98
Teddys von Steiff, Hermann, sigikid, Clemens und Bären aus England sowie Material für Teddybastler.

GORINCHEN

Kay Poppenatelier
Burgstraat 2b, NL-4201 AC Gorinchen,
Tel. (00 31) 1 83/63 04 03, Fax (00 31) 1 83/63 51 26
Sammlerteddys, u. a. neueste Steiff-Holland-Bären und andere Editionen.

USA

BIRCHRUNVILLE

Richard Wright Antiques
Flowing Springs and Hollow Roads, Birchrunville,
PA 19421, USA, Tel. (001) 2 15-8 27 74 42
Einer der größten und sicher der rührigste Händler der Welt. Kauft in ganz Europa für den amerikanischen Markt.

Flohmärkte: Teddys zwischen Plunder und Pleureusen

Nach einem jener 3000 Ur-Teddys, die Richard Steiff auf der Leipziger Messe 1903 einem amerikanischen Handelshaus verkaufte, ausgerechnet auf einem Flohmarkt nachzustöbern, dürfte vergebliche Liebesmüh bleiben. Da verspricht selbst die sprichwörtliche Suche nach der Stecknadel im Heustadl statistisch weitaus bessere Erfolgschancen. Wer jedoch einige Nummern tiefer ansetzt, kann zwischen Plüsch, Plunder und Pleureusen, Kunst, Kunsthandwerk und Kitsch, Alltäglichem und Außergewöhnlichem, die in kunterbunter Vielfalt auf den Flohmarkttischen ausgebreitet liegen, hier und da und mit etwas Glück noch einen Teddy von Sammelqualität entdecken.

Wer beim Bummel über den Flohmarkt nach Plüschbären Ausschau hält, sollte schon Gespür und Auge für das Besondere haben. Nicht nur, weil hier manch eine Schönheit im Verborgenen blüht, statt Markenzeichen ein abgeschmustes Fell lockt. Die Händler haben in der Regel auch nur begrenzt Ahnung von Teddys, und ihre Preisvorstellungen orientieren sich, manchmal sicher ohne böse Absicht, an Auktionsergebnissen, und sie folgern daraus, daß ihre Allerwelts-Schießbudenbären einen ähnlichen Marktwert haben müßten. Im Extremfall kann es möglich sein, daß sie beim Feilschen auf 50 Prozent ihrer Forderung heruntergehen und der Teddy immer noch überzahlt ist. Zu einem realistischen Preis führt nur die Erfahrung des Käufers, sein Unterscheidungsvermögen von Marken und Formen und viel Gespür für Qualität.

Etwas anderes ist es, wenn ein solcher Anonymus sich durch charaktervolles Aussehen in individuellem Charme von seiner Umgebung abhebt. Dann ist weniger der am Durchschnitt orientierte Marktwert ausschlaggebend, sondern der Sammlerwert. Und ein Liebhaberpreis wird bekanntlich nach anderen Kriterien bemessen.

Schließlich ist der Flohmarkt auch noch eine Fundgrube für alles, was rund um den Teddy sammelnswert ist. Da gibt es alte Kleidungsstücke für ihn zu entdecken,

Postkarten, Spardosen und Geschirr mit Teddy-Motiv, Kinderbücher, Glanzbildchen und viele andere hübsche Sachen, die zu einer Bärensammlung passen, vielleicht sogar ein neues, bisher wenig beachtetes Spezialgebiet ergeben. Und wer nur in einen Film investieren will, nimmt die Kamera mit auf den Flohmarktbummel. Wie hier die Teddys zwischen all dem Krimskrams thronen, ist manchen Schnappschuß wert – und schon wieder eine neue Rubrik für die Sammelleidenschaft.

Auf einem solchen Markt besteht auf der anderen Seite auch die Chance, einzelne Teddys an den Mann oder die Frau zu bringen. Doch wegen eines solchen Plüschtieres wird sich der Aufwand nicht lohnen, ebensowenig die Standmiete. Da ist es schon sinnvoller, nach einer Aufräumaktion in Kammer, Keller und auf dem Dachboden mit dem dabei aussortierten Krimskrams das Flohmarkt-Angebot quantitativ aufzufüllen. Die Standkosten werden nach laufenden Metern berechnet. Veranstalter und Termine stehen in den einschlägigen Fachzeitschriften (siehe Seite 223ff.). Sie werden aber auch auf Plakaten oder Handzetteln oder in der örtlichen Presse angekündigt.

Spielzeugbörsen und -märkte: Orte zum Fachsimpeln, Tauschen und Handeln

Auch Flohmärkte sind Fundorte origineller Bären, die sich in Kisten und zwischen allerlei Ramsch verstecken. Doch oft sind die Preise dafür zu hoch angesetzt, und es gilt zu handeln.

Noch in den 70er Jahren war für jemanden, der sich für Teddybären zu interessieren begann, vor allem ein Flohmarkt oft der einzige Ort, an dem seine Suche nach Sammelnswertem einen Erfolg versprach. Doch nachdem sich das plüschene Knuddeltier emanzipierte und – wie übrigens in seinen frühen Jahren schon einmal – auch bei Erwachsenen Liebkind wurde, siedelte es zusammen mit Puppen und anderem Spielzeug auf eigene Märkte und Börsen um. Nicht mehr länger im Freien, Wind und Wetter ausgesetzt, wurden diese Sammlerstücke angeboten. Sie zogen um in Säle, häufig in First-Class-Hotels, und demonstrierten schon in einer solchen Umgebung ihre gestiegene Wertschätzung.

Rührige Leute spezialisierten sich bald auf solche Veranstaltungen, die in der Regel an Wochenenden und häufig nur einen Tag lang stattfinden. Als Aussteller gewinnen sie Händler, auch aus dem Ausland. Ihre dekorativen Stände oder auch Kojen sorgen für das nötige Ambiente. Ob sich ein Veranstalter wie die führenden Firmen auf internationalem Parkett bewegt oder ein anderer sich auf die heimische Region beschränkt, das ist für einen Sammler zweitrangig. Ihn interessiert allein, daß sich eine größere Zahl Anbieter zusammengefunden hat, deren Auswahl reichhaltig genug und preislich differenziert ist, so daß sich eine möglichst große Menge von Besuchern angesprochen fühlen kann. Ein nicht zu weiter Anreiseweg ist sicher ein weiteres Kriterium.

Der Kölner Veranstalter Walter Neumann hat einmal in neun Punkten zusammengefaßt, was die Börse attraktiv macht. In seiner Aufstellung heißt es:

- Durch ein reichhaltiges Angebot werden Preisvergleiche erleichtert und möglich.
- Für die Sammler stehen Fachleute als Berater zur Verfügung.
- Das große Angebot an Fachliteratur ist eine weitere, wichtige Informationsquelle.
- Von besonderen Liebhaberstücken der Besucher werden auf Wunsch Expertisen angefertigt.
- Die Händler sichern ihren Kunden nach Absprache wertvolle Stücke nach einer Anzahlung ohne Aufpreis.
- Hektik und vorschnelle Entscheidungen wie auf Auktionen gibt es ebensowenig wie ein Börsenaufgeld.
- Aussteller sind meist auch Sammler und haben daher eine andere Beziehung zur Ware als etwa Flohmarkthändler.
- Neben Kauf von Sammlerstücken sind auch Tausch oder Ankauf möglich.
- Antike Stücke werden auch als Replikate mit limitierter Auflage und zu erschwinglichen Preisen angeboten.

Ebenso müßig wie hypothetisch bleibt die Frage nach einem Unterschied zwischen Markt und Börse. Ihre Erfin-

Durch den Besuch von Spielzeugbörsen lernt man Bären kennen und kann vor allem auch die Preise vergleichen. Diese sonntäglichen Ausflüge sind eine gute Schulung für den beginnenden Sammler.

der mögen noch davon ausgegangen sein, daß auf dem einen mehr gehandelt, beim anderen der Kontakt zwischen den Sammlern mehr gepflegt werden sollte. Doch solche Grenzen verwischten schnell. Praktisch überall stehen inzwischen neben den professionellen Händlern die privaten Sammler mit eigenen Ständen. Geblieben sind jedoch zweierlei, aus der Tradition geborene Namen für sich ähnelnde Veranstaltungen.

Großer Erfolg gebiert Nachahmer. Und so wuchs die Zahl der Veranstaltungsorte für Börsen und Märkte in kurzer Zeit so rapide, daß sich die beteiligten Händler beschwerten und nach einer ordnenden Hand riefen. Doch bei der starken Konkurrenz dürfte solches Verlangen vergeblich bleiben. Letztendlich wird die Abstimmung mit den Füßen, die Zahl der Verkäufer und eines (kaufkräftigen) Publikums darüber entscheiden, welcher Standort lohnend und auf Dauer übrigbleiben wird.

Für jeden Sammler sind die Börsen und Märkte längst zu einem wichtigen Treffpunkt geworden. Denn hier gibt es mehr als nur Schauen und Kaufen. Ebenso wichtig sind die vielen neuen Kontakte, die geknüpft werden können, ein wichtiger Erfahrungs- und Gedankenaustausch, wie er anderswo kaum möglich ist. Hier spricht man die gleiche Sprache. Und selbst der Anfänger wird sich unter soviel Gleichgesinnten schnell heimisch fühlen.

In der nachfolgenden Liste sind die Veranstalter von Börsen und Märkten namensalphabetisch aufgeführt. Bei jedem sind Orte angegeben, an denen sie unter anderem solche Veranstaltungen organisieren. Sie versenden auf Anfrage ihre Terminlisten; diese werden in aller Regel auch in den Fachzeitschriften (siehe Seite 223ff.) abgedruckt.

DEUTSCHLAND

Albrecht Kreativ-Service
Philosophenweg 43, 35578 Wetzlar, Tel. u.
Fax 0 64 41/4 55 61
Puppen- und Bärenmarkt in Neu-Isenburg, Weilburg, Coburg, Wetzlar, Celle u. a.
Bären- und Steifftiermarkt in Idstein, Düren, Soest, Siegen.

Hermann Bauder
Hebelstraße 9, 74928 Hüffenhardt, Tel. 0 62 68/7 19,
Fax 0 62 68/62 31
Eisenbahn- und Spielzeugmärkte in Eppelheim, Heilbronn, Plankstadt und Frankenthal.

Georg Brockmann
Schloßmühlstraße 31, 86415 Mering, Tel. 0 82 33/40 91,
Fax 0 82 33/3 03 31
Viermal jährlich Samstag/Sonntag Münchner Spielzeugmarkt in Planegg.

Alexander Dohm
Marsstraße 17, 80335 München, Tel. 0 89/18 75 55 u.
8 11 02 22, Fax 0 89/5 50 40 56
Spielzeugbörse München, Veranstalter.

Frieda Eichhorn
Komotauer Straße 29, 90766 Fürth, Tel. 09 11/73 89 24,
Fax 09 11/73 89 19
Antiquitäten- und Flohmärkte Fürth.

G. Gaal
Bonwiedenweg 9, 73312 Geislingen, Tel. 0 73 31/9 38 60, Fax 0 73 31/93 86 48
Eisenbahn-, Puppen- und Spielzeugmärkte in Nürnberg, Gefrees und Wunsiedel.

Ulrich Gierse
Zoppenbroich 72–76, 41238 Mönchengladbach, Tel. 0 21 66/12 08 35, Fax 0 21 66/12 08 37
Internationale Puppen-, Teddy-, Plüschtier- und Blechspielzeugbörsen u. a. in Aachen, Berlin, Bern, Bonn, Braunschweig, Düsseldorf, Frankfurt/M., Heidelberg, Karlsruhe, Köln, Luzern, Mainz, Mannheim, München, Münster, Travemünde, Zürich.

K. Hammelmann
Postfach 30 03 07, 44233 Dortmund, Tel. 02 31/46 07 95, Fax 02 31/4 79 69, oder Gerhardtstraße 35, 58239 Schwerte, Tel. 0 23 04/24 32 87
Antiquitätentage, Bärenbörsen.

Michael Hauser
Gerberau 24, 79098 Freiburg, Tel. 07 61/3 33 42, Fax 07 61/28 33 24
Spielzeugbörse Freiburg.

Organisation A. Hövelmeyer
Altenwoogstraße 41, 67655 Kaiserslautern, Tel. 06 31/4 04 77, Fax 06 31/4 91 18
Antik-Spielzeug- und Kunsthandwerkmarkt Bad Dürkheim, Neustadt/Weinstraße.

Kirchner & Heesen GmbH
Ostwall 39, 47798 Krefeld, Tel. 0 21 51/39 03 39, Fax 0 21 51/71 48 75
Spielzeug- und Modelleisenbahn-Märkte u. a. in Düsseldorf, Essen, Hamburg, Mainz, Mannheim, Mülheim/Ruhr, Nürnberg, Ratingen, Recklinghausen, Stuttgart, Wattenscheid.

Heike Kudjer
Güntenstraße 12, 86435 Dasing, Tel. 0 82 05/67 04,
Fax 0 82 05/73 21
Teddybären und Puppenmarkt München, Passau, Starnberg, Wolfratshausen.

Kurps & Broda, Reiner Kurps und Andreas Broda
Brödermannsallee 5, 25469 Halstenbek, Tel. u.
Fax 0 41 01/40 40 04 u. 0 40/87 59 42
Bärenbörse Bremen, Hanse Bär und Hanse Bär Spezial, Hamburg.

Erich Lösch
Postfach 44, 67590 Monsheim, Tel. 0 62 43/81 44,
Fax 0 62 43/59 34
Spielzeugbörsen in Dudenhofen und Worms.

Walter Neumann
Max-Fremery-Straße 3a, 50827 Köln, Tel. 02 21/5 30 63 53,
Fax 02 21/5 30 56 89
Internationale Puppen-, Steifftier- und Blechspielzeugbörsen u. a. in Berlin, Darmstadt, Düsseldorf, Essen, Frankfurt/M., Köln, Leipzig, Moers, München, Münster, Wiesbaden.

Christine Osterhaus
Schultenstraße 3, 49545 Tecklenburg, Tel. 0 54 82/17 09,
Fax 0 54 82/63 06
Puppen- und Teddybörsen.

Heike Roland (auch Teddy-Macherin)
Hauptstraße 35, 97782 Gräfendorf, Tel. u.
Fax 0 93 57/13 85
Teddybären- und Puppenmarkt Veitshöchheim u. a.

Kunwar Simon GmbH
Geeren 29–31, 28195 Bremen, Tel. 04 21/1 48 00,
Fax 04 21/1 31 55
Eurodoll.

Ivo Stieb
Edelweißring 85, 86343 Königsbrunn, Tel. 0 82 31/14 10

Puppenbörsen u. a. in Donauwörth, Füssen, Memmingen, Neu-Ulm.

Dr. Rolf Theurer
Wiesbadener Straße 74, 70372 Stuttgart,
Tel. 07 11/5 59 00 44, Fax 07 11/5 59 00 54
Internationale Puppenbörsen u. a. in Böblingen, Bad Cannstadt, Ludwigsburg, Sindelfingen, Stuttgart.

Antiquitäten Wagner
Lindacher Straße 7, 63179 Obertshausen, Tel. u.
Fax 0 61 04/4 20 28
Markt für altes Spielzeug und Puppen in Mülheim.

M. Wanke GmbH
Großmattstraße 17, 79618 Rheinfelden,
Tel. 0 76 23/72 33 45, Fax 0 76 23/72 33 33
Internationale Puppenbörsen u. a. in Berlin, Düsseldorf, Frankfurt/M., Hamburg, München, Stuttgart.

Irmgard Wolfermann
Obere Pfaffensteigstraße 14, 91126 Schwabach, Tel. u.
Fax 09 11/63 53 83
Antik-Puppenmärkte Ingolstadt, München, Nürnberg, Rothenburg; Nostalgie-Spielzeuga Bayern, Fürth.

Leokadia Wolfers
Flußbergstraße 6a, 57080 Siegen, Tel. 02 71/38 55 60,
Tel. u. Fax 02 71/5 77 95
Puppenbörsen u. a. in Celle, Doetinchen, Dortmund, Essen, Freiburg, Herford, Münster, Osnabrück, Saarbrücken, Winterswijk.

ÖSTERREICH

Exclusiv Messen GmbH
Knollgutstraße 12, A-4030 Linz, Tel. u.
Fax (00 43) 7 32/30 92 21 u. (00 43) 66/3 08 00 50
Puppen-, Teddy- und Spielzeugbörsen u. a. in Klosterneuburg, Innsbruck, Linz.

Inge und Robert Reisinger
Mariahilferstraße 53/I/21, A-1060 Wien, Tel. u. Fax (00 43) 1/5 87 31 28
Im Frühjahr und Herbst Puppen- und Bärenbörse auf Schloß Laxenburg in Niederösterreich.

SCHWEIZ

Jutta und Karl Alber
Zelgstraße 6, CH-8003 Zürich, Tel. (00 41) 1/4 62 03 11
Im Frühjahr und Herbst Puppen- und Spielzeugbörse Zürich.

Franz Merkli
Friesenbergstraße 17, CH-8055 Zürich, Tel. (00 41) 1/4 61 78 96
Modellspielzeug- und Puppenmärkte Genf, Volketswil.

DÄNEMARK

Samlerborsen
H. C. Orstedsvey 46, DK-1879 Frederiksberg C, Tel. (00 45) 31/35 01 46
Spielzeugbörsen Arhus, Stockholm.

FRANKREICH

Promobile
91 Av. J. B. Clement, F-92100 Boulogne, Tel. (00 33) 1 48/25 88 33, Fax (00 33) 1 48/25 06 04
Spielzeugbörse Toymania Paris (zweimal jährlich).

BELGIEN

Stadt Brugge, dienst voor tourisme
Markt 7, B-8000 Brugge, Tel. (00 32) 50/33 07 11
Puppenbörse Brügge.

NIEDERLANDE

Antiekmarkt de Looier
Elandsgracht 109, NL-Amsterdam,
Tel. (00 31) 20/26 49 95 u. 24 90 38
Spielzeugbörse Amsterdam.

J. Riedstra, Holland Toys
Langhusterdijk, NL-9957 RJ Jelsum,
Tel. (00 31) 51 09/12 34
Spielzeugbörsen Amsterdam, Bussum, Den Haag, Zwolle.

Stichting van Mechanisch Speelgoed
Secretariaat, Postbus 1, NL-7214 ZG Espe
Tausch- und Verkaufsmarkt für altes Spielzeug.

Niesje Wolters van Bemmel
Oud Loosdrechtsedijk 276, NL-1231 NK Loosdrecht,
Tel. (00 31) 5 78/62 05 02
Jährlich rund 100 Puppenbörsen in Holland, Belgien und der Bundesrepublik.

GROSSBRITANNIEN

Anthea Knowles, LTC
42 Colebrooke Row GB-London N1 8AF,
Tel. (00 44) 71/3 54 23 33
Internationale Antik-Spielzeug- und Puppenbörse London.

West Country Antiques & Collectors Fairs
Off West Street, GB-Ashburton, Devon TR13 7DV,
Tel. (00 44) 3 64/5 21 82
Puppen-, Spielzeug- und Miniaturenmarkt Exmouth.

Teddybären-Clubs

Es versteht sich von selbst, daß sich auch die Teddy-Fans mit der Zeit in Clubs zusammentaten, um ihre Lieblingsbären vorzustellen, Erfahrungen auszutauschen oder um bei regelmäßig stattfindenden Treffen ungehemmt über Teddys plaudern zu können. Solche Clubs finden sich in der ganzen Welt.

Hier einige Adressen:

›Steiff-Club‹, Margarete Steiff GmbH, Postfach 15 60, 89530 Giengen/Brenz, Tel. 0 73 22/13 11
Die Mitglieder erhalten viermal im Jahr ein zwölfseitiges Clubmagazin und haben Anspruch auf die jährliche exklusive Club-Edition.

›Nederlandse Teddy-Beer Club‹, Oud Loosdrechtsedijk 276,1231 NK Loosdrecht – Holland, Tel. (00 31) 21 58/18 09
Zweimal im Jahr kommen die Mitglieder des NTB-Clubs zum Kaufen, Verkaufen und Tauschen zusammen.

›Muffy VanderBear Fan Club‹, c/o North America Bear, 401 North Wabash Suite 500, Chicago, Il. 60611 USA
Der Club versorgt seine Mitglieder mit Teddybären-Nachrichten und bietet limitierte Sonderausgaben an.

›The Global Doll Society‹, Carol Ann Stanton, P.O. Box 483, Hailsham, East Sussex, England, BN27 4SW, Tel. (00 44) 3 23/83 26 37
In diesem weltweiten Puppen-Club finden sich gleichermaßen auch Teddy-Freunde zusammen. Teilnahme an internationalen Kongressen, vier Magazine pro Jahr, freier Eintritt bei Wettbewerben, reduzierte Eintrittsgebühr bei einigen Börsen und Kontakt zu Mitgliedern weltweit gehören zum Angebot.

›Paddington Action Club, Action Research for the Crippled Child‹, Vincent House, North Parade Horsham, West Sussex RH12 2 DA, England, Tel. (00 44) 4 03/21 04 06
Bei diesem Club dreht sich alles um den Bären Paddington, vierteljährliche Clubzeitschrift, Aktionen, Veranstaltungen, deren Erlöse behinderten Kindern zugute kommen.

Auktionen: Ein Hammerschlag für jeden Teddy

Zumindest bis heute ist noch unerforscht, wann zum ersten Mal ein Teddybär unter den Hammer eines Auktionators kam. Und wie bei so vielem aus seiner kurzen Geschichte ist unwahrscheinlich, daß dieser Schleier jemals gelüftet werden kann. Es ist ziemlich sicher, daß unser Plüschfreund schon lange bei Nachlaßversteigerungen unter dem Sammelbegriff ›Konvolut Spielsachen‹ an den Augen wißbegieriger Teddy-Historiker vorbeigeschmuggelt worden ist.

Verschlafen haben diese auch das geschichtsträchtige Datum, an dem an irgendeinem Ort unserem Meister Brummbär zum ersten Mal sein Inkognito gelüftet wurde und er sich bei einer Versteigerung seine eigene Losnummer sichern konnte; ganz bescheiden noch, ohne jeden Hinweis auf seine Herkunft, seinen Jahrgang oder gar eine Beschreibung. Entsprechend mager dürfte der Zuschlagspreis ausgefallen sein. In aller Bescheidenheit kletterte er in den 70er Jahren in kleinen Schritten die Preisskala hinauf. Und noch 1980 schienen 100 DM die magische Obergrenze, an der selbst Teddy-Enthusiasten bei uns auszusteigen pflegten, mochte der Veteran auch von edler Herkunft sein, von stattlichem Aussehen und ein für Plüschtiere methusalemisches Alter erreicht haben.

Doch dann schwappte die amerikanische Teddy-Nostalgie nach Europa über, die Ereignisse überschlugen sich, und die Preise explodierten. Vor allem nachdem die drei international agierenden Londoner Auktionshäuser Sotheby's, Christie's und Phillips in das Geschäft eingestiegen waren, vermeldeten diese Rekordergebnisse am laufenden Band. 1983 erreichte die Sotheby's-Filiale Chester 650 DM als Rekordmarke für einen 36 Zentimeter großen Teddy in maßgeschneidertem Matrosenanzug. Kaum ein Jahr darauf ließ sich ein Mitglied der Teddy-Polizei seinen Knopf im Ohr mit 2580 DM honorieren. Im September 1985 setzte Sotheby's London mit 3200 DM ein neues Limit, das zwei Monate darauf bei Phillips ebenfalls erreicht wurde. Mit dem ›Admiral Beattie‹, einem Teddy mit Wärmflasche, setzte Christie's, London, für kurze Zeit einen neuen Rekord; er erhielt den Zuschlag bei 4900 DM. Gleich mehr als verdreifacht wurde dieser Superlativ – immer noch im Jahr 1985 – bei Sotheby's London, wo ein Teddy auf 15 000 DM hochgepuscht wurde. Dann wechselte in Hamburg ein Steiff-Bär von 1904 für 18 000 DM den Besitzer. Im Mai 1987 war man, wieder einmal bei Sotheby's, auf über 23 000 DM für einen weißen Teddy mit Maulkorb (um 1913) angelangt.

Ihren absoluten Höhepunkt erreichte die Welle schließlich im Jahr 1989. Im Mai erzielte der rotplüschige ›Alfonzo‹ in originalem Kosakenanzug bei Christie's stolze 38 700 DM; sollte doch eine Zaren-Cousine mit ihm gespielt haben. Die Medien aber überschlugen sich, als am 19. September 1989 bei Sotheby's London ein zwar recht hübscher und gut erhaltener, sonst aber kaum herausragender Teddy aus der Steiff-Produktion der zweiten Hälfte der 20er Jahre mit 3000 DM ausgerufen wurde und nach einem beispiellosen Wettkampf zweier Bieter endlich bei 50 000 Pfund (169 000 DM) zugeschlagen werden konnte; ein wohl einmaliger und in den folgenden Jahren nie wieder erreichter Spitzenerlös.

Das brachte endlich wieder einmal Futter für die Sensationsjäger, für die in den Jahren zuvor die ständig, aber in nicht so großen Sprüngen steigenden Preise selbstverständlich geworden waren und daher bald ihren News-Wert verloren hatten. Hier aber war wieder eine aufsehenerregende Meldung, die sich rund um den Globus verkaufen ließ. Schließlich nehmen die Medien auch von einer Auktion nur Notiz, wenn eine besondere Überraschung alle Prognosen auf den Kopf stellt. Hier hatten zwei Bieter die Summe in solch astronomische Höhen getrieben, daß sich der Schätzpreis nur noch wie ein Trinkgeld ausnahm. Die Geschichte war dann perfekt, als sie hinterher mit einer weiteren Pikanterie angereichert werden konnte. Paul Volpp, ein reicher Amerikaner, hatte, so die Story, es auf diesen Bären abgesehen, weil seine Ehefrau Rosemary ihn sich gewünscht hatte. Um sicherzugehen, hatte er gleich zwei Freunde beauftragt, dieses Plüschtier auf jeden Fall zu ersteigern. Beide hätten jedoch nichts voneinander gewußt und sich ahnungslos im Namen des gleichen Auftragge-

Der rote Alfonzo erzielte 1989 auf einer Auktion bei Christie's umgerechnet 38 700 DM. Der Steiff-Bär, entstanden zwischen 1906 und 1909, soll der Spielgefährte von Prinzessin Xenia, Schwester des Zaren Nikolaus II., gewesen sein. Auf dem Foto Ian Pout, dem er auf der Auktion zugesprochen wurde.

bers gegenseitig überboten. Ob nun die Liebe auf den ersten Blick nur zur Liebe für einen Augenblick reichte, darüber schweigen die Klatschkolumnisten aus der Teddy-Welt. Jedenfalls wurde kurze Zeit darauf genüßlich kolportiert, daß Mister Volpp seinen Rekord-Teddy bereits wieder weiterverkauft haben soll – dieses Mal für 100 000 Dollar.

Solcherart Anekdoten sind das Salz in jeder Auktions-Suppe. Allerdings gibt es auch den genau umgekehrten Fall, wenn nämlich die Gebote äußerst zögerlich abgegeben werden und weit unter den Erwartungen des Einlieferers sowie dem im Katalog ausgedruckten Limit hängenbleiben. Dann wird dieses Los weit unter Wert seinen neuen Besitzer finden oder aber zurückgezogen. In dem einen wie dem anderen Fall dürfte des Auktionators Schätzpreis durchaus marktorientiert errechnet worden sein; unerwartete Ausschläge nach oben oder unten sind jedoch immer wieder möglich. Sie sind der Nervenkitzel einer Versteigerung, der für das Publikum spannender werden kann als der abendliche Fernsehkrimi.

In aller Regel ist bei einer Auktion jeder Interessent willkommen. Händler und engagierte Sammler bilden dabei das Stammpublikum. Sie bieten professionell, also preisbewußt, und steigen aus, sobald die Grenzmarke erreicht ist, die sie sich für das jeweilige Los gesetzt haben. Dieses persönliche Limit, möglichst im Katalog notiert, ist eine Vorsichtsmaßnahme, die der Neuling schnell lernen muß. Denn zu leicht läßt er sich vom Tempo des Hochsteigerns mitreißen und kehrt mit dem Gefühl heim, zu teuer eingekauft zu haben.

Daneben gibt es in jedem Auktionssaal die Schaulustigen, die sich über das Angebot auf dem Markt und die Preisentwicklung informieren oder einfach nur die große feine, sonst kaum erreichbare Welt ihres Hobbys schnuppern wollen. In der Rolle des stummen Beobachters kann der Sammel-Eleve seinen Blick schulen und Sicherheit gewinnen. Ebenso wichtig sind für ihn auch die Vorbesichtigungstage, an denen er die Möglichkeit erhält, jedes Objekt seines Interesses aus nächster Nähe zu begutachten, Vergleiche anzustellen und sich (auch anhand der Katalog-Abbildungen) Details einzuprägen, die ihm später einmal beim Bummel über Flohmärkte oder Börsen von großem Nutzen sein werden.

Der Besuch einer Auktion oder die Vorbesichtigung ist natürlich auch eine Frage der Zeit. Vorab aber muß erst einmal die ›Schwellenangst‹ überwunden werden, die wohl jeden Menschen überfällt, der ein für ihn fremdes Terrain betritt. Auch die Rituale einer Versteigerung kann der Neuling als Zaungast kennenlernen und sich einprägen. Da dieses Procedere überall gleich ist, läßt es sich am Heimatort oder in der Nachbarstadt studieren, wo immer eine Auktion angesagt ist. Dann wird es ernst. An der Kasse holt man sich eine Bieternummer, und die Jagd nach dem ersten ersteigerten Teddy kann beginnen.

Auf Auktionen besonders gefragt sind die weißen Steiff-Bären, wie dieser, der sich sogar noch mit einem Knopf im Ohr ausweisen kann. Im Katalog war er angesetzt mit 1000 DM und erzielte 4000 DM.

Auktionen, auf denen ausschließlich Teddybären versteigert werden, sind die absolute Ausnahme. In aller Regel bilden sie zusammen mit Puppen eine Gruppe innerhalb einer Spielzeugauktion. Wie viele Teddys dabei zum Aufruf kommen, hängt natürlich von den Einlieferungen ab. Doch 20 und mehr Veteranen kommen dabei leicht zusammen; es wurden auch schon weit über 100 gezählt. Die Termine sind in den einschlägigen Fachzeitschriften (siehe Seite 223ff.) nachzulesen. Einige Wochen vorher erscheinen die Auktionskataloge, in denen jedes Stück unter seiner Losnummer mehr oder minder ausführlich beschrieben und häufig abgebildet ist. Angegeben ist hier außerdem der Einstands-, Richt- oder Schätzpreis, mit dem der Wert taxiert wird, der meist als Basis für den ersten Ausruf gilt. Sind, vor allem bei ausländischen Häusern, zwei Preise angegeben, werden damit Unter- sowie Obergrenze des Rahmens fixiert, in dem sich die Schätzungen bewegen. Für einen Vergleich taugen diese Katalogangaben nur sehr bedingt. Denn die einzelnen Häuser legen unterschiedliche Kriterien beim Festsetzen des Limits an. Geboten wird übrigens nicht nur im Saal. Gebote können auch schriftlich und mit Festlegen einer Obergrenze eingereicht werden; Formulare hierfür liegen im Katalog. Dem Auktionator bekannte Kunden können von daheim per Telefon mitbieten. Der Ersteigerer muß übrigens auf den Zuschlagpreis ein Aufgeld zwischen 10 und 15 Prozent zahlen, auf das auch noch die Mehrwertsteuer fällig ist.

Ein Wort noch zu den Preisen: Die eingangs erwähnten Spitzenzuschläge sollten keinen Sammler davon abhalten, auf einer Auktion sein Glück zu versuchen. Zwar gilt die Regel, daß für einen Teddy um so mehr geboten wird, je älter, seltener und unbespielter er ist. Doch unterhalb dieser Spitzenklasse bleibt genügend Raum für Interessenten mit normalem Kontostand. Gut erhaltene Teddys, vor 1920 gefertigt, sind häufig zwischen 2000 und 5000 DM zu erwerben; abgespielte liegen auch darunter. Die jüngere Generation zwischen 1920 und 1950 bleibt nicht selten unter der 1000-DM-Grenze, erhält bei etwas Glück sogar bei einigen Hunderten den Zuschlag. Kommen die Lose ohne Limit zur Auktion, kann (muß aber nicht) durchaus ein Schnäppchen daraus werden.

So wird sich der Sammler nicht von einmal erzielten Ausnahmepreisen abschrecken lassen. Er wird zudem schnell herausfinden, wo es etwas im Rahmen seiner finanziellen Möglichkeiten zu ersteigern gibt. Eine wahre Fundgrube kann sich auftun, wenn Fundsachen, Nachlaß, Güter aus Wohnungsauflösungen und ähnliche Sachen unter den Hammer kommen. Anzeigen in den Tageszeitungen geben die Termine bekannt.

Die relativ preiswerten Kataloge, die häufig noch günstiger im Abonnement erworben werden können, sind jedoch nicht nur für die Vorbereitung auf eine Auktion nützlich. Sie werden zu wichtigen Nachschlagewerken jeder Sammlerbibliothek. Mit ihren Beschreibungen und Abbildungen helfen sie beim Bestimmen eines Angebots. Sie geben außerdem einen guten Überblick über die Preisentwicklung. Das gilt zumindest, wenn nicht nur die Einstandspreise aus dem Katalog herangezogen werden können, sondern vor allem die dann tatsächlich erzielten Zuschlagpreise. Es gibt Auktionshäuser, die diese Informationen im nächsten Katalog mitliefern, entweder abgedruckt oder als Beilage. Manchmal sind sie zusätzlich (und mit Kosten) zu beziehen. Aber es soll auch noch Versteigerer geben, die diesen wichtigen Kundendienst für völlig überflüssig halten. Daher sollte jeder Sammler bei seiner Katalog-Bestellung gleich nach der Ergebnisliste fragen.

Der Auktionator versteht sich als Mittler zwischen Angebot und Nachfrage. Seine Ware bezieht er aus dem Handel, aus Nachlässen, aber auch von Sammlern, die sich von Einzelstücken oder ihrer gesamten Kollektion trennen wollen. Ein gutes Haus wird für die eingelieferten Stücke Expertisen erstellen mit Beschreibung, Zustand und Marktwert. Für solche Bemühungen erhält es vom Einlieferer ein Aufgeld in gleicher Höhe, wie es der Ersteigerer zahlen muß. Außerdem werden manche Auktionshäuser noch für Fotos oder andere Nebenkosten Gebühren verlangen.

Wer also etwas zur Auktion geben will, tut gut daran, sich vorher genau nach dem ›Kleingedruckten‹ zu erkundigen oder sich bei einem anderen Versteigerer ein Gegengutachten zu holen.

Bares Geld wird man bei der Einlieferung nicht mit nach Hause nehmen können. Abgerechnet wird immer erst nach der Auktion, wenn der Ersteigerer bezahlt hat.

Die nachstehend genannten Auktionshäuser versteigern regelmäßig Spielsachen, darunter Teddys. Sie sind alphabetisch nach den Orten aufgelistet, in denen ihre Auktionen stattfinden.

DEUTSCHLAND

BAMBERG

Auktionshaus G. Rammel
Karolinenstraße 1, 96049 Bamberg, Tel. 09 51/5 55 29
Jährlich sechs Auktionen mit etwa 1000 Positionen.

BAYREUTH

Waltraud Boltz Kunstauktionshaus
Brandenburger Straße 36, 95448 Bayreuth,
Tel. 09 21/2 06 16, Fax 09 21/1 26 14
Jährlich rund 20 Auktionen, davon zwei (im Frühjahr und Herbst, manchmal zusätzlich zwischendurch) mit Spielzeug incl. Teddys. Kataloge durchgehend illustriert, doch mit meist sehr kargen Informationen. Viele Positionen ohne Limit im Katalog angegeben, die Preise sind häufig recht niedrig angesetzt.

BERLIN

Auktionshaus Rainer Dannenberg
Wiesbadener Straße 82, 12161 Berlin, Tel. 0 30/8 21 69 79,
Fax 0 30/8 22 00 28

BONN

August Bödiger
Franziskanerstraße 17/19, 53113 Bonn,
Tel. 02 28/65 99 91, Fax 02 28/69 10 67

Bremen

Roland-Versteigerung Organisation GmbH
Admiralstraße 19, 28215 Bremen, Tel. 04 21/32 82 86,
Fax 04 21/3 76 19 52
Gibt zu Auktionen Versteigerungslisten heraus.

Erlangen

Auktionshaus Bergmann
Möhrendorfer Straße 4, 91056 Erlangen,
Tel. 0 91 31/45 06 66, Fax 0 91 31/45 02 04

Frankfurt

Sotheby's Frankfurt
Beethovenstraße 71, 60325 Frankfurt, Tel. 0 69/74 07 87,
Fax 0 69/74 69 01
Reich bebilderte Kataloge.

Gevelsberg

Ingeborg Beil
Klosterholzstraße 36, 58285 Gevelsberg, Tel. u.
Fax 0 23 32/26 01
Farbig illustrierter Katalog; Sachverständige für antike Puppen.

Hamburg

Sotheby's Hamburg
Innocentiastraße 19, 20149 Hamburg, Tel. 0 40/44 40 80,
Fax 0 40/4 10 70 82
Reich bebilderte Kataloge.

Hildrizhausen

Auktionshaus Olaf T. Sigala
Carl-Zeiss-Straße 3, 71157 Hildrizhausen,
Tel. 0 70 34/6 27 25 u. 6 27 26

Hof

Lankes Kunstauktionen
Klosterstraße 22, 95028 Hof, Tel. 0 92 81/1 82 00,
Fax 0 92 81/1 81 20
Den Katalog gibt es auch auf Videokassette.

Köln

Regina J. Cornwall
Heckhofweg 146, 50739 Köln, Tel. 02 21/17 60 11,
Fax 02 21/17 32 53
Reich illustrierter Katalog.

Sotheby's Köln
St.-Apern-Straße 17–21, 50667 Köln, Tel. 02 21/2 57 49 56,
Fax 02 21/2 57 43 59
Kataloge.

Ladenburg

Ladenburger Spielzeugauktion Götz Seidel
Rheingaustraße 36, 68526 Ladenburg,
Tel. 0 62 03/1 30 14, Fax 0 62 03/1 71 93
Bebilderte Kataloge.

München

Christie's Deutschland GmbH
Residenzstraße 27, 80333 München, Tel. 0 89/22 95 39,
Fax 0 89/29 63 02
Reich illustrierte Kataloge.

Mönchengladbach

Karin Ernst, Auktionatorin
Bahnstraße 34, 41069 Mönchengladbach,
Tel. 0 21 61/3 62 35 u. 3 19 09, Fax 0 21 61/3 85 20
Zweimal jährlich (Frühjahr, Herbst) Auktionen, umfangreicher Katalog mit Kurzangaben und vielen Abbildungen; Ergebnisliste liegt dem nächsten Katalog bei.

Mutterstadt

Henry's Auktionen
An der Fohlenweide 12–14, 67112 Mutterstadt,
Tel. 0 62 34/8 01 10, Fax 0 62 34/80 11 50

Nürnberg

Auktionshaus Weidler
Albrecht-Dürer-Platz 8, 90403 Nürnberg,
Tel. 09 11/22 25 25 u. 22 25 45, Fax 09 11/24 38 51
Zu den Auktionen erscheinen kleine Kataloge.

Planegg

Georg Brockmann
Schloßmühlstraße 31, 86415 Mering, Tel. 0 82 33/40 91,
Fax 0 82 33/3 03 31
Katalog. Spielzeugauktionen München.

Rudolstadt/Thüringen

Kunst-Auktionshaus Martin Wendl
August-Bebel-Straße 4, 07407 Rudolstadt/Thüringen,
Tel. 0 36 72/42 43 50, Fax 0 36 72/41 22 96
Größtes eigenständiges Kunst-Auktionshaus in den neuen Bundesländern, Auktionen Puppen, Spielzeug, Teddybären u. a.

Übach-Palenberg

Horst Poestgens, Auktionshaus
Kirchplatz 7, 52531 Übach-Palenberg, Tel. 0 24 51/4 92 09
Teddy- und Steifftier-Spielzeugauktionen.

Bad Vilbel

Reinhard Blank, Auktionator
Friedrich-Ebert-Straße 2, 61118 Bad Vilbel,
Tel. 0 61 01/82 11, Fax 0 61 01/1 23 13
Komplett bebilderte Kataloge.

Weinheim

Auktionshaus Richter
Karlsruher Straße 35, 69469 Weinheim,
Tel. 0 62 01/1 59 97, Fax 0 62 01/18 28 91

Worms

Auktionshaus Erich Lösch
Postfach 44, 67590 Monsheim, Tel. 0 62 43/81 44,
Fax 0 62 43/95 34
Voll bebilderte Kataloge.

Wuppertal

Auktionshaus Klaus Graeber
Arrenberger Straße 6, 42117 Wuppertal,
Tel. 02 02/30 30 25/6, Fax 02 02/31 14 27

ÖSTERREICH

Graz

Sotheby's Graz
Schloß Gutenberg, A-8160 Graz, Tel. (00 43) 31 72/81 33

Wien

Auktionshaus Dorotheum
Dorotheagasse 17, A-1010 Wien I, Tel. (00 43) 7/51 56 00
Jeden Tag Versteigerungen aller Art; auch Freihandverkauf.

Sotheby's Wien
Palais Breuner, Singerstraße 16, A-1010 Wien,
Tel. (00 43) 2 22/51 27 72/3, Fax (00 43) 2 22/5 13 48 67

SCHWEIZ

BASEL

Auktionshaus zum Dornenbach
Holeestraße 6, CH-4054 Basel, Tel. (00 41) 61/47 87 18.
Geöffnet montags bis freitags 14–18 Uhr.

BUCH (BEI ZÜRICH)

Christine Kohler, Auktionshaus für antikes Spielzeug
Postfach, ›Alte Kapelle‹, Hauptstraße, CH-8414 Buch am Irchel, Tel. (00 41) 52/42 18 68, Fax (00 41) 52/42 16 31
Die einzelnen Positionen werden im Katalog zum Teil sehr ausführlich beschrieben, mit zahlreichen schwarzweißen und farbigen Abbildungen; jeweils meist über 1000 Positionen.

GENF

Phillips Genf, Michael Hall
10 Rue des Chaudronniers, CH-1204 Genf,
Tel. (00 41) 22/28 68 28, Fax (00 41) 22/29 99 44

Sotheby's Genf
13 Quai du Mont Blanc, CH-1201 Genf,
Tel. (00 41) 22/7 32 85 85, Fax (00 41) 22/7 31 65 94

ZÜRICH

Phillips Zürich, Nicolas Beurret
Rämistraße 27, CH-8001 Zürich, Tel. (00 41) 12/52 69 62, Fax (00 41) 12/52 02 41
Veranstaltet regelmäßig Spielzeugauktionen; Katalog mit detaillierten Angaben zu den Positionen; Ergebnisliste der vorhergehenden Spielzeugauktion im Anhang abgedruckt.

Sotheby's Zürich
Bleicherweg 20, CH-8022 Zürich, Tel. (00 41) 1/2 02 00 11, Fax (00 41) 1/2 01 20 42
Regelmäßige Spielzeugauktionen; umfangreicher Katalog mit detaillierten Beschreibungen, fast alles abgebildet, vieles in Farbe.

GROSSBRITANNIEN

LONDON

Christie's
85 Old Brompton Road, GB-London SW7 3LD,
Tel. (00 44) 71/5 81 76 11

Phillips, Son & Neale
10 Salem Road, Bayswater, GB-London W2 4DL,
Tel. (00 44) 71/2 29 90 90, Fax (00 44) 71/7 92 92 01

Ein Manager-Bär, als echter Yuppie immer in der Aktentasche mit unterwegs.

Sotheby's
34–35 New Bond Street, GB-London W1A 2AA,
Tel. (00 44) 71/4 93 80 80, Fax (00 44) 71/4 09 31 00

FRANKREICH

CHARTRES

Galerie de Chartres, Jean & Jean-Pierre Lilievre
1 bis, Place Général de Gaulle, F-28000 Chartres,
Tel. (00 33) 2 37/84 04 33
Reichhaltiges Angebot bei guter Atmosphäre.

DÄNEMARK

FREDERIKSBERG

Samlerborsen
H. C. Orstedsvey 46, DK-1879 Frederiksberg 2,
Tel. (00 45) 31/35 01 46

SCHWEDEN

STOCKHOLM

AB Stockholms Auktionsverket
Jakobsgatan 10, P.O. Box 16256, S-10325 Stockholm,
Tel. (00 46) 8/14 24 40, Fax (00 46) 8/10 28 45

USA

ANNAPOLIS

Theriault's
PO Box 151, Annapolis, Maryland 21404, USA
Der bekannteste amerikanische Spielzeugauktionator mit guten Angeboten.

Fachzeitschriften: Aktuelle Ergänzung zur Sammler-Bibliothek

Sammler suchen Orientierung; sie können nicht genug erfahren über neue Einzelheiten zu ihrem Hobby. Als wichtige Informationsquelle dienen ihnen Fachzeitschriften, die es in großer Zahl, maßgeschneidert für alle Zielgruppen und für jedes Gebiet gibt. Da sind Magazine, die sich ausschließlich an den Teddy-Freund wenden, und sich mehr oder weniger umfangreich auf dieses spezielle Hobby konzentrieren. Andere wenden sich an alle Plüschtier-Sammler oder binden die Teddy-Themen in Berichte über alte und neue Puppen ein. Die nächsten behandeln schließlich das gesamte Spektrum des Spielzeug-Sammelns. Wieder andere Blätter beobachten, Antiquitäten eingeschlossen, im Schwerpunkt die Auktionen und Börsen, oder sie halten ihr Augenmerk auf Flohmärkte.

Mehr oder weniger umfangreich und regelmäßig werden in all diesen Zeitschriften auch Beiträge stehen, die einen Teddy-Sammler interessieren. Geschichte, Warenkunde, Preisentwicklung bei Börsen und Auktionen sind nur einige Themen, die der Leser hier erwartet, und die über das akute Interesse hinaus zu einem wichtigen Nachschlage-Kompendium in der eigenen Fachbibliothek werden. Wer System in seine Sammlung bringen, realistische Preisvorstellungen bei Ankäufen errechnen will oder einfach nur nach weiteren Details sucht, lernt diese Fachzeitschriften schnell schätzen.

Ihr Kleinanzeigenteil vermittelt zudem Kontakte zu anderen Sammlern, zu An- und Verkäufern. Wer weitere Teddys sucht, kann sein Glück übrigens auch über eine Kleinanzeige in der örtlichen Tageszeitung oder dem wöchentlichen Annoncen-Blatt versuchen. Das kostet meist nicht viel und vermittelt Kontakte zu Verkäufern, die ohne große Anreise zu erreichen sind. Bei den Fachzeitschriften hingegen lebt ein auf diesem Weg gefundener Partner oft weit entfernt vom eigenen Wohnort, so daß Briefe mit Preisvorstellungen und mitgesandte Fotos als erste Information ausreichen müssen.

Wer sich auf Auktionen, Börsen oder Flohmärkten nach Neuerwerbungen umsehen möchte, dem reichen die Terminkalender in den meist vierteljährlich erscheinenden Fachmagazinen oft nicht aus. Ihm helfen die monatlich erscheinenden Journale weiter, aus denen er gleich mehrere 100 Termine erfährt und darüber hinaus manch andere nützliche Auskunft zum Thema Sammeln.

Bevor man sich zu einem Abonnement der einen oder anderen Zeitschrift entschließt, sollten vorab eine oder zwei Probeausgaben bestellt werden, um ihren Inhalt auf die eigenen Ansprüche hin abzuklopfen. Dazu ein Tip für die erste Vorauswahl: Die Bahnhofsbuchhandlungen wie die gut sortierten Zeitschriften-Fachhandlungen in den großen Städten führen eine ganze Reihe der nachfolgend (namensalphabetisch) aufgelisteten Blätter. Dort läßt sich beim Durchblättern schon eine erste Vorauswahl treffen, so daß nur die Magazine gekauft werden müssen, die das Interesse geweckt haben.

DEUTSCHLAND

BärReport
Internationale Fachzeitschrift für Teddybärenliebhaber
Verlag ›BärReport‹ Teddybär-Magazin, Venloerstaße 686, 50827 Köln, Tel. 02 21/5 30 55 67, Fax 02 21/5 30 56 89
Erscheint viermal jährlich; Einzelheft 12 DM, Jahresabonnement 38 DM.

Vorwiegend farbig auf Kunstdruckpapier gedrucktes Magazin mit Kreativ-Bastelteil, Bären-Neuheiten, Reportagen und Geschichten, Messen und Auktionen, Historie und Anzeigenteil.

Bärnstädter Anzeiger, die Zeitschrift, die ein Buch ist
Verlag Marianne Cieslik, Theodor-Heuss-Straße 185, 52428 Jülich, Tel. 0 24 61/5 12 22, Fax 0 24 61/5 27 72
84 Seiten, 156 Abbildungen, Preis 39,80 DM.
Originelle, witzige Beiträge rund um Bären, Bärenmode, Bärsiflagen und das Neueste aus der Bärenwelt.

Cieslik's Puppen-Magazin

Verlag Marianne Cieslik, Theodor-Heuss-Straße 185, 52428 Jülich, Tel. 0 24 61/5 12 22, Fax 0 24 61/5 27 72

Erscheint viermal jährlich; Einzelheft 22 DM, Jahresabonnement 74 DM.

Durchgehend farbig auf Kunstdruckpapier gedrucktes Magazin; in jeder Ausgabe auch ein Beitrag ›Unser Teddy-Reporter unterwegs‹; häufig Berichte und Details von Auktionen; Übersicht über Börsen, Auktionen usw., dazu Kleinanzeigen-›Flohmarkt‹ für Sammler.

Puppen & Spielzeug
Internationales Sammlermagazin

Verlag Puppen & Spielzeug Gert Wolfarth GmbH, Postfach 10 14 61, 47014 Duisburg, Stresemannstraße 20–22, 47051 Duisburg, Tel. 02 03/30 52 70, Fax 02 03/33 77 65

Erscheint achtmal jährlich; Einzelpreis 10 DM, Jahresabonnement 72 DM.

Die Zeitschrift informiert über alle Bereiche des Spielzeugsammelns, darunter auch Teddy-Themen. Sie bietet einen Überblick über Messen und Auktionen, den Kleinanzeigen-Teil ›Gesucht – Geboten‹ sowie eingeheftet einen Bücher-Service, in dem auch ein Großteil der lieferbaren internationalen Teddy-Literatur aufgeführt ist.

Sammler-Journal – Eine Monatszeitschrift für Sammler und Antiquitätenfreunde

Journal-Verlag Schwend GmbH, Postfach 10 03 40, Schmollerstraße 31, 74503 Schwäbisch Hall, Tel. 07 91/ 40 45 00, Fax 07 91/40 45 55

Erscheint monatlich; Einzelheft 7,50 DM, Jahresabonnement 85,50 DM.

Ein umfangreiches Magazin für Sammler aller Richtungen mit jeweils einem Schwerpunktthema. Auktionsberichte und eine Übersicht über erzielte Preise; großer Kleinanzeigen-Teil; dazu die ›Blauen Seiten‹, die wohl umfangreichste internationale Termin-Übersicht über Märkte, Messen, Börsen, Sammlertreffen und Auktionen.

Das Wappentier der Schweizer Stadt Bern ist der Bär, der natürlich täglich das Lokalblatt liest.

Bern
Erstes Blatt
Der Bund.

Das Spielzeug
Verlag Meisenbach GmbH, Postfach 9 60 11, Hainstraße 18, 96047 Bamberg, Tel. 09 51/86 10, Fax 09 51/86 11 49
Erscheint monatlich. Jahresabonnement 116 DM.
Internationale Fachzeitschrift für Industrie und Handel mit englischem Supplement; offizielles Organ der Arbeitsgemeinschaft Spielzeug e.V.

Spielzeug-Markt
Göller Verlag GmbH, Aschmattstraße 8, 76532 Baden-Baden, Tel. 0 72 21/5 02 20, Fax 0 72 21/50 22 22
Erscheint monatlich; Einzelpreis 14 DM, Jahresabonnement 115 DM.
Unabhängige Fachzeitschrift für Groß- und Einzelhandel, Im- und Exporteure, Warenhäuser sowie Hersteller der Spielzeugbranche.

Teddy & Co.
HCM Verlags-GmbH, Krebsmühle, Lorsbacher Straße 31, 65719 Hofheim, Tel. 0 61 92/99 00 50,
Fax 0 61 92/9 90 05 99
Erscheint sechsmal jährlich; Einzelheft 9,80 DM, Jahresabonnement 54,90 DM.
Farbiges Magazin auf Kunstdruckpapier, Künstlerporträts, Aktuelles aus der Teddybär-Szene, Bären zum Selbermachen, Infos, Tauschbörse, Veranstaltungstermine u. a.

Teddybär und seine Freunde
Verlag Marianne Cieslik, Theodor-Heuss-Straße 185, 52428 Jülich, Tel. 0 24 61/5 12 22, Fax 0 24 61/5 27 72
Erscheint viermal jährlich; Einzelpreis 12 DM, Jahresabonnement 42 DM.
1993 zum ersten Mal erschienene Zeitschrift, speziell für die Freunde von Teddybären und Plüschtieren, mit Themenbeiträgen und aktuellen Informationen über Börsen, Termine, Preise.

Teddys, Die kreative Bärenwelt
Dollami Verlag GmbH, Postfach 13 35, 37253 Eschwege, Tel. 0 56 51/74 67 15, Fax 0 56 51/74 67 21
Erscheint viermal jährlich; Einzelpreis 9,80 DM, Jahresabonnement 34,50 DM.
Farbiges Magazin auf Kunstdruckpapier; aktuelle Infos, Tips, Veranstaltungen, Spezial-Bären und Bärenkünstler, Kreativ-Ideen zum Basteln, Unterhaltung, Anzeigen.

Trödler & Antiquitäten-Magazin
Gemi-Verlags-GmbH, Pfaffenhofener Straße 3, 85291 Reichertshausen, Tel. 0 84 41/8 40 18, Fax 0 84 41/7 18 46
Erscheint monatlich; Einzelpreis 5,90 DM, Jahresabonnement 59,40 DM.
Beiträge über alle Sammelgebiete. Großer Terminkalender von Floh-, Antik- und Trödelmärkten im In- und Ausland; umfangreicher Kleinanzeigenteil; aktuelle Auktionsergebnisse.

GROSSBRITANNIEN

GDS-Magazine
The Global Doll Society – Carol Ann Stanton,
c/o P.O. Box 483, GB-Hailsman, East Sussex BN27 4SW,
Tel. (00 44) 3 23/83 26 37, Fax (00 44) 4 24/42 06 60
Erscheint viermal jährlich als Mitgliedszeitschrift der GDS in englischer Sprache; der Bezugspreis ist im Jahresbeitrag von 50 DM enthalten.
Ein weltweites Magazin der Puppensammler, das sich auch mit Teddybären beschäftigt. Kleinanzeigen mit Ankauf, Verkauf, Tausch usw., für Mitglieder sehr preiswert.

The Teddy Bear Times
Heritage Press, Shelly House, 104 High Street,
GB-Steyning, West Sussex BN4 3RD
Erscheint viermal jährlich in englischer Sprache.
Dieses seit Frühjahr 1990 bestehende Magazin beschäftigt sich ausschließlich mit Teddy-Themen und wird herausgegeben von Sue Cleeve.

NIEDERLANDE

Poppen
Vakblad voor de Poppenliefhebber
Uitgeverij Niesje Wolters van Bemmel,
Oud Loosdrechtsedijk 276, NL-1231 NK Loosdrecht, Tel. (00 31) 21 58/18 09
Erscheint viermal jährlich in niederländischer Sprache; Jahresabonnement 42 Hfl oder 800 Bfrs.
In jeder Ausgabe Beiträge über Sammeln und Herstellen von Teddys; Informationen über Puppenbörsen und Auktionen; Mitteilungen des Nederlandse Teddy Beren Club; Terminkalender von Puppenbörsen.

USA

The Teddy Bear and friends
Hobby House Press Inc., 900 Frederick Street,
Cumberland, MD 21 502, USA
Erscheint viermal jährlich in englischer Sprache.
Die Zeitschrift beschäftigt sich fast durchgehend mit Teddybären-Themen. Sie bringt (auch in Anzeigen) einen guten Überblick über die amerikanische Produktion und zeigt auch die Replikate, die von deutschen Herstellern nur für den amerikanischen Markt hergestellt werden. Es gibt regelmäßig einen Preisführer mit Beschreibungen antiker Stücke, dazu Kleinanzeigen und Buchbesprechungen.

Der »Sir Galahad Bär«, der 5. Teddy aus der Camelot-Reihe »Ritter der Tafelrunde«, ein Sammlerbär von Hermann-Spielwaren, Coburg.

Spielzeug-Museen: Der Teddy staubfrei hinter Scheiben verbannt

EUG-
UM
HEN

Nach den strengen Regeln des Fachhandels gilt als Antiquität nur, was älter ist als 100 Jahre. Nach solchen Auswahlkriterien gehört der Teddy, dessen Ahnen ja erst 1903 das Licht der Spielzeugwelt erblickten, noch gar nicht in diese Kategorie. Und so manches zerliebte, mitgenommene Kuscheltier würde wohl weiter auf verstaubten Dachböden der nächsten Sperrgutabfuhr entgegendämmern, hätten nicht engagierte Sammler es aus seinem Dornröschenschlaf erweckt. Dank solcher Fürsorge erhielt der Teddy seit einigen Jahren sogar museal Rang und Würde.

Vor allem die Leidenschaft von Sammlerinnen und Sammlern war es, deren private Kollektionen bald die Dimension des Wohnzimmers sprengten und nach einer größeren Bleibe verlangten. Kleinere und größere Museen entstanden so, meist abseits der großen Kunstzentren und in der Regel als private Einrichtung. Andere Sammlungen wurden den Kommunen übertragen, die sich in die Pflicht genommen sahen, entsprechend repräsentative Räume bereitzustellen. Eine solche Entscheidung fiel den Stadtvätern um so leichter, je mehr sie entdeckten, wie positiv sich eine gut präsentierte, bunte Spielzeugwelt auf die Fremdenverkehrs-Statistik auswirkt. Die meisten Touristen lassen sich gerne in die Welt ihrer Kindheit entführen, auch wenn alle hübschen Sachen nur durch die Scheiben der Vitrinen betrachtet werden können und sie auch nicht der Gilde passionierter Sammler angehören.

Vor allem Puppen und Eisenbahnen waren es, deren Sammlerwert als erstes entdeckt wurde. Sie bilden daher in aller Regel den Grundstock für unsere Museen. Puppenhäuser und -küchen, Kaufläden sowie anderes Holz- oder Blechspielzeug stießen dann hinzu. Erst relativ spät folgten dann Plüschspielwaren und die Teddybären. Aus dieser Entwicklung ist der Aufbau vieler Kollektionen zu verstehen. Puppen und ihr gesamtes Umfeld bilden deshalb auch den Schwerpunkt. Teddys kamen eher durch Zufall denn nach System hinzu – von Ausnahmen natürlich abgesehen. Deshalb bilden auch reine Teddy-Museen, wie etwa in Berlin oder Stratford-upon-Avon, eher die Ausnahme.

Nun sagt Quantität allein noch nichts über die Qualität einer Sammlung aus. Hochwertige und alte Teddys verstecken sich oft in mittleren und selbst kleinen Museen, so daß auch hier für einen gestandenen oder werdenden Sammler der Besuch zu einem aufregenden Erlebnis werden kann.

Es gibt gute Gründe, die selbst einen ambitionierten Teddy-Freund bewegen, sich immer wieder umzuschauen. In solchen Ausstellungen gibt es wie kaum sonstwo die Möglichkeit, in aller Ruhe Vergleiche anzustellen, die Besonderheiten der einzelnen Epochen und Hersteller kennenzulernen. Denn nur häufige Konfrontation schärft den Blick und gibt die nötige Sicherheit bei der Beurteilung angebotener Sammlerstücke. Detailkenntnisse sind beim Bestimmen und Katalogisieren eines Sammelstücks unumgänglich. Und wer seinen Besuch jenseits der Touristenströme in eine ruhige Stunde legt, kann sich bei den Museumsleuten den einen oder anderen Tip gratis dazu holen. Außerdem gibt das Ambiente der Häuser immer wieder neue Anregungen für eine vorteilhafte Präsentation der eigenen Sammlung.

Als nützliche Gedächtnisstützen erweisen sich bei solch einem Museumsbesuch stets Kataloge, Postkarten oder Poster, die es dort zu kaufen gibt. Manchmal findet man in einem zum Haus gehörenden Shop auch noch Bücher oder Zeitschriften, die bei den Verlagen längst vergriffen sind. Und dann hat manch ein Museum auch eine mehr oder minder umfangreiche Handbibliothek, die einem ernsthaften Sammler schon mal zum Nachschlagen (und Fotokopieren?) geöffnet wird. Bei Interesse nachfragen kostet schließlich nichts.

Gute Dienste leistet oft auch die Kamera. In vielen Museen ist nämlich das Fotografieren für private Zwecke gestattet, wenn kein Blitz oder Stativ verwendet wird. Eine freundliche Nachfrage an der Kasse eröffnet einem in der Regel viele Möglichkeiten. Und schließlich bleiben einem immer noch Notizbuch und Bleistift, interessante Details festzuhalten, um sie später daheim in die eigene Kartei zu übertragen. Und sollte ein Museumsbesuch einem mal nichts Neues vermitteln, kommt keine Enttäuschung auf. Man bestätigt sich dann zumindest, ein Kenner der Materie zu sein. Sich außerdem mit seiner Liebhaberei zu beschäftigen, ist immer ein Erlebnis an sich und damit keine vertane Zeit.

Sohlen und Pfoten geflickt, der Mund neu gestickt, ein Teddy, dem man ansieht, daß er geliebt wurde. Heute ist er ein bewundertes Museumsstück in Berlin.

Die nachfolgende Liste der Häuser, die Teddybären beherbergen, wurde in zwei Kategorien eingeteilt, jeweils alphabetisch nach Orten sortiert. Den Anfang machen jene Museen, die von Umfang oder Auswahl her eine Reise, auf jeden Fall jedoch einen Umweg wert sind. Die Adressen der zweiten Aufstellung sollte man sich für jene Fälle merken, wenn man sowieso schon vor Ort ist oder bei einer Reise vorbeikommt. Denn, wie gesagt, Überraschungen sind auch hier möglich.

Museen, die einen Umweg oder eine Reise wert sind

DEUTSCHLAND

BERLIN

Teddy Museum Berlin, Florentine C. Bredow
Kurfürstendamm 147, 10709 Berlin, Tel. 0 30/8 93 39 65, Fax 0 30/8 93 38 62. Geöffnet mittwochs, donnerstags und freitags 15–18 Uhr.
Schwerpunkt: Das 1986 gegründete Museum zeigt eine riesige Teddy-Sammlung.

BREMEN

Spielzeug- und Teddybären-Museum im Schnoor, Karin Martin
Schnoor 24, 28195 Bremen, Tel. 04 21/32 03 82,
Fax 04 21/32 64 03. Geöffnet täglich 11–18.30 Uhr; April bis Dezember sonntags 11–17 Uhr.
Hier können viele alte Teddys bewundert werden.

HERTEN-WESTERHOLT

Puppenmuseum im Kunsthof, Inh. Ulrich Knoop
Am Bungert, 45701 Herten, Tel. 02 09/62 01 06. Geöffnet montags bis donnerstags 10–12.30 und 15–18 Uhr, samstags 10–12.30.

Schwerpunkt: Kulturgeschichte des Spielzeugs; ca. 250 Porzellanpuppen, dazu rund 50 Teddys.
Besonderes: Wechselausstellungen; Film- und Diavorträge; Weihnachtsbasar, Puppenklinik; Seminare zur Herstellung von Puppen, Teddys usw.; ständig großer Puppen- und Teddy-Zubehörbasar mit Mohairplüschen, Bastelpackungen, vielen Teddys zum Sammeln und Spielen.
Das 1986 gegründete Museum zeigt die Sammlungen des Ehepaares Ulrich und Karin Knoop. Die ausgestellten Bären, meist Markenfabrikate, stammen aus den Jahren 1905 bis 1960.

GIENGEN/BRENZ

Steiff-Museum
Alleenstraße 2, 89537 Giengen an der Brenz,
Tel. 0 73 22/13 11, Fax 0 73 22/2 11 56. Geöffnet montags bis freitags 13–16 Uhr und samstags 8.30–12 Uhr.
Schwerpunkt: Querschnitt durch die Spielzeug-Produktion seit der Firmengründung 1877; darunter Teddys aus allen Epochen.
Besonderes: Nahebei ein Geschäft mit Erzeugnissen aus der laufenden Steiff-Produktion.
Das um einen Kinoraum angeordnete Firmenmuseum veranschaulicht die Entwicklung der Steiff-Tiere, -Teddys und -Puppen. Im Museum kann jedoch nur ein Teil des umfangreichen Archivs gezeigt werden.

MÜNCHEN

Spielzeugmuseum im Alten Rathausturm,
Sammlung Ivan Steiger
Marienplatz 15, 80331 München, Tel. 0 89/29 40 01;
Büro: Elisabethstraße 5, 80796 München, Tel. 0 89/2 71 19 69. Geöffnet täglich 10–17.30 Uhr.
Schwerpunkt: Die ganze Vielfalt alter europäischer und amerikanischer Spielsachen aus drei Jahrhunderten in ca. 40 Vitrinen auf vier Etagen, darunter zahlreiche Teddys.
Besonderes: Wechselausstellungen; Museums-Shop mit Fachliteratur, Reproduktionen alter Spielsachen, Nachdrucken alter Kinderbücher, Spielen und Postkarten sowie Nachbildungen von altem Weihnachtsschmuck; außerdem Videokassette eines Films über die Geschich-

Im Münchner Spielzeugmuseum im Alten Rathausturm musiziert ein flottes Bären-Trio aus der Steiff-Dynastie.

te des Teddybären, den Ivan Steiger im Jahr 1989 für das ZDF drehte.
Die bedeutende Spielzeug-Sammlung Steiger enthält etwa 300 Bären bekannter und unbekannter deutscher Produzenten sowie englische und französische Teddys.
Ein Teil der Exponate wird jeweils im Spielzeugmuseum Passau gezeigt.

PASSAU

Spielzeugmuseum, Sammlung Ivan Steiger
Residenzplatz, 94032 Passau, Tel. 08 51/3 42 26; Büro: Elisabethstraße 5, 80796 München, Tel. 0 89/2 71 19 69.
Geöffnet täglich 9–18 Uhr, im Winter laut Anschlag.
Schwerpunkt: Alte europäische und amerikanische Spielsachen aus drei Jahrhunderten in großer Auswahl (vier Säle), darunter zahlreiche Teddys.
Besonderes: Das Museum ist in einem restaurierten Gebäude von 1740 über der ehemaligen Stadtapotheke untergebracht. Wechselausstellungen; großer Museums-Shop mit Fachliteratur; Reproduktionen alter Spielsachen, Kinderbüchern etc.
Das Passauer Museum ist eine Dependance des Münchner Spielzeugmuseums im Alten Rathausturm, mit dem einige Exponate ausgetauscht werden.

Schon die Eintrittskarten für die Steiger-Museen in München und Passau sind sammelnswert.

ST. GOAR/RHEIN

Deutsches Puppen- und Bärenmuseum ›Loreley‹, Inh. Eleonore Goedert

Sonnengasse 8, 56329 St. Goar, Tel. 0 67 41/72 70, Fax 0 67 41/17 70. Geöffnet 15. März bis 15. Januar täglich 10–17 Uhr, Januar bis März an den Wochenenden und feiertags 14–17 Uhr. Gruppenführungen nach Absprache.

Schwerpunkt: Auf drei Etagen (ca. 400 m^2) verschiedenes Spielzeug, rund 1000 Puppen und etwa 700 Teddys.

Besonderes: Das Museum ist in einem restaurierten Barockgebäude von 1750 untergebracht. Wechselausstellungen; Bärenpostkarten sowie Bilder und Kinderbücher um 1900; Puppen- und Bärenklinik; Puppenschneiderei, sehr große Puppen- und Bären-Boutique; Erfrischungsraum.

Das Museum entstand aus einer 16jährigen Privatsammlung. Bei den Bären sind Steiff, Hermann, Grisly, Clemens und andere große Marken vertreten; eine Reihe von ihnen wartet noch auf eine Identifizierung. Besondere Stücke: Umfangreiche Steiff-Sammlung seit 1920, lebensgroßer Steiff-Bär, Grisly-Teddy von 1,60 Meter Größe, der Yes-and-No von Schuco, die Fälschung eines Steiff-Teddys und vieles mehr. Für den ›Bären-König‹ gibt es einen Thronsaal.

Feingemacht sitzen die Bären des Spielzeugmuseums ›Loreley‹ in der guten Stube, um Besucher zu empfangen.

Spielzeugmuseum am Rathaus, Inh. Hannelore Ernst
Poststraße 7, 29614 Soltau, Tel. 0 51 91/26 20 oder 8 21 82. Öffnungszeiten: Januar bis Ostern: Samstag und Sonntag 14–17 Uhr, Ostern bis Oktober: Dienstag bis Sonntag 14–17 Uhr. Im Sommer zusätzlich 10–12 Uhr, November und Dezember: Samstag und Sonntag 14–17 Uhr.
Schwerpunkt: Gehaltvolles Spielzeug, das mit entsprechender Information präsentiert wird, darunter ca. 150 Puppen (ab 1650) und 50 Teddys (ab ca. 1906).
Besonderes: Wechselausstellungen; Vorträge; zwei Kataloge; Verkauf von Puppenpostkarten und -postern.
Die Sammlung wurde von Hannelore Ernst, einer bekannten Puppensammlerin, aufgebaut. Sie wurde nach besonders strengen Qualitäts-Kriterien zusammengetragen.

Steiff-Teddys von 1903 bis 1920 im Soltauer Spielzeugmuseum am Rathaus.

Zwei abgebildete Museumsstücke aus Wunstorf. Steiff-Bären aus der Zeit vor 1910.

SONNEBERG

Sonneberger Teddybären- und Puppenmuseum
Bahnhofstraße 29, 96515 Sonneberg,
Tel. 0 36 75/70 20 08, Fax 0 36 75/80 55 47. Geöffnet täglich 8.30–17.30 Uhr.
Besonderes: Außer Kuriositäten aus der Teddybärenwelt wird in lebenden Werkstätten die alte Tradition der Teddyherstellung gezeigt.

STEINHUDE

Spielzeug- und Kinderwelt-Museum,
Inh. Gudrun Scholtz-Knobloch
Unter den Hestern 3, 31515 Wunstorf (Steinhude), Tel. 0 50 33/22 99. Postanschrift: Blumenauer Straße 12, 31515 Wunstorf, Tel. 0 50 31/7 33 03. Geöffnet 1. Mai bis 30. Oktober dienstags bis sonntags 14–17 Uhr, Ende April sonntags und feiertags 14–17 Uhr, November bis April nach Bedarf; Gruppen (nach Voranmeldung) ganzjährig.
Schwerpunkt: Die ganze Welt des Kindes; Kinderzimmer der Jahrhundertwende; Schulutensilien; rund 100 Puppen und etwa 50 Teddys werden hier gezeigt.

Besonderes: Wechselausstellungen; Vorträge; Verkauf von Museumspostern und Puppenpostkarten.
In der recht ansehnlichen Kollektion alter Bären befinden sich mehrere Steiff-Teddys aus den Jahren 1905 bis 1920, einige arg abgeliebt, andere in tadellosem Zustand. Interessant ist auch ein Bär aus den 40er Jahren, von einer österreichischen Firma (Berg?) aus einer Militärdecke gefertigt. Zur Kollektion gehören etliche Hermann-Teddys, andere sind unbekannter Herkunft. Weitere Bären lagern derzeit noch im Depot.

ÖSTERREICH

SALZBURG

Spielzeugmuseum (Sammlung Folk)
Bürgerspitalgasse 2, A-5020 Salzburg,
Tel. (00 43) 6 62/84 75 60. Geöffnet dienstags bis sonntags 9–17 Uhr, Führungen nach Vereinbarung; Tonbandbegleiter (45 Minuten) steht in Deutsch und Englisch zur Verfügung.
Schwerpunkt: Vom Ehepaar Gabriele und Hugo Folk zusammengetragen, ist sie die größte österreichische Privatkollektion historischen Spielzeugs aus drei Jahrhunderten; viel Holz- und Blechspielzeug, aber auch Papiertheater, technisch-physikalisches Spielzeug (Samm-

Links: Drei frühe Bären beim Kartenspiel.
Rechts: Zwei aus der Teddy-Crew des Salzburger Spielzeugmuseums.

lung Anton Held); Puppen nebst Zubehör, etwa 20 Teddybären.
Die Teddy-Sammlung des Museums ist zwar relativ klein, wird jedoch besonders originell präsentiert und enthält ausgesucht schöne, alte Exemplare; ferner gibt es eine Auswahl der österreichischen Firma Berg.

Wien

Wiener Teddybären-Museum
Ledererhof 2/Drahtgasse 3, A-1010 Wien, Tel. u.
Fax (00 43) 1/5 33 47 55. Geöffnet täglich 10–18 Uhr.
Schwerpunkt: Historische Teddybären von 1902 bis 1950 aller Arten und Größen, alte Fotos, Postkarten, Bilderbücher sowie Sammelnswertes aus der Welt des Teddybären.

SCHWEIZ

Riehen bei Basel

Spielzeugmuseum, Wettsteinhaus (mit Dorfmuseum und Rebkeller)
Baselstraße 34, CH-4125 Riehen, Tel. (00 41) 61/67 28 29.
Geöffnet mittwochs und samstags 14–17 Uhr, sonntags 10–12 und 14–17 Uhr.
Schwerpunkt: Bedeutende Spielzeugsammlung aus ganz Europa mit weit über 2000 Exponaten, gegliedert nach zwölf Sammelgruppen, darunter etwa 400 Teddys.
Besonderes: Das Wettsteinhaus stammt aus dem 13. Jahrhundert; die Puppensammlung (1991 neu renoviert) wird wissenschaftlich vom Eidgenössischen Museum für Volkskunde, Basel, betreut; im Gartensaal Sonderausstellungen.
Der Basler Sammler Lawrence Landolt hatte rund 400 Teddybären zusammengetragen, ehe er kürzlich dem Museum in Riehen die gesamte Kollektion als Dauerleihgabe zur Verfügung stellte. Sie ist im Keller des Wettsteinhauses untergebracht. Die Sammlung ist nicht nach wissenschaftlichen Kriterien aufgebaut wie das übrige Museum. Sie zeigt vielmehr die kunterbunte Vielfalt aus 90 Jahren Teddy-Geschichte.

LONDON

London Toy and Model Museum
23 Craven Hill, GB-London W2,
Tel. (00 44) 71/2 62 94 50/79 05. Geöffnet donnerstags bis samstags 10–17.30 Uhr sonntags 11–17.30 Uhr.
Schwerpunkt: Spielzeug aller Art.

Besonderes: Die Teddybären-Sammlung des Schauspielers Peter Bull.

PETERSFIELD

The Bear Museum
38 Dragon Street, GB-Petersfield, GU31 4JJ,
Tel. (00 44) 71/7 30 26 51 08. Geöffnet montags bis samstags 10–17 Uhr, sonntags geschlossen.

STRATFORD-UPON-AVON

National Teddy Bear Museum
19 Greenhill Street, GB-Stratford-upon-Avon, Warwickshire CV37 6LF, Tel. (00 44) 7 89/29 31 60.
Schwerpunkt: Über 1000 Teddys aus allen Epochen und vielen Ländern.
Besonderes: Das Museum ist untergebracht in einem alten Gebäude aus elisabethanischer Zeit. Es gibt eine besonders umfangreiche Teddy-Bibliothek.
Die Bestände dieses 1988 eröffneten Museums stammen aus der Sammlung Michèle und Gyles Brandreth. Sie sind nicht nach ikonographischen Gesichtspunkten geordnet, vielmehr vom Schlaf- bis zum Musikzimmer in vielen lustigen Gruppen zusammengefaßt. Im Entree steht ein deutscher Kleiderständer aus dem vorigen Jahrhundert, ein Baum, auf den ein Bär klettern will.

Michèle und Gyles Brandreth vom National Teddy Bear Museum in Stratford-upon-Avon, England, mit ihrem größten Teddybären.

Museen mit kleineren Teddy-Beständen

DEUTSCHLAND

BADEN-BADEN

Das kleine Spielzeugmuseum, Inh. Uwe Furtwengler
Gernsbacher Straße 48, 76530 Baden-Baden,
Tel. 0 72 21/3 25 11, Fax 0 72 21/3 25 01. Geöffnet dienstags bis freitags, 15–18 Uhr.
Schwerpunkt: Etwa 100 Puppen seit 1880, Puppenstuben, -küchen und -kaufläden aus zwei Jahrhunderten, dazu einige Teddys.
Besonderes: Katalog; Wechselausstellungen; Verkauf von Puppenbüchern und -postern sowie altem Spielzeug.

BERLIN

Berlin-Museum
Lindenstraße 14, 10969 Berlin, Tel. 0 30/2 58 60. Geöffnet dienstags bis sonntags 10–20 Uhr.
Schwerpunkt: Sammlungen zur Geschichte der Stadt. Im Dachgeschoß des Barockhauses auch Kinderspielzeug seit 1790, darunter etwa 40 erlesene Puppen und 10 Teddys.
Besonderes: Historische Altberliner Weißbierstube, ein Imbißrestaurant mit Büfett.

BAD BREISIG

Puppenmuseum im Alten Rathaus, Inh. Waldy Ringel
Koblenzer Straße 31, 53498 Bad Breisig,
Tel. 0 26 33/94 25, Fax 0 26 33/87 82. Geöffnet dienstags bis sonntags 10–12 und 15–17 Uhr.
Schwerpunkt: Puppen (ca. 400), Puppenstuben und Zubehör seit 1860; dazu 10 Teddys.
Besonderes: Wechselausstellungen; Verkauf von Puppen, Teddys und Puppenpostkarten; Puppenklinik.

Coburg

Coburger Puppen-Museum, Inh. Carin Lossnitzer
Rückertstraße 2–3, 96450 Coburg,
Tel. 0 95 61/7 40 47. Geöffnet 1. 11.–31. 3. Dienstag bis Sonntag 10–17 Uhr, 1. 4.–31. 10. täglich 9–17 Uhr.
Schwerpunkt: Einige 100 Puppen und anderes Spielzeug, dazu über 40 Teddys.
Besonderes: Das Museum ist auf zwei Etagen eines Hauses aus dem 16. Jahrhundert untergebracht. Café-Bistro und Restaurant befinden sich im Hause.
Puppen und anderes Spielzeug stammen aus der Zeit von 1810 bis 1950. Die Exponate sind chronologisch angeordnet und so kombiniert, daß lebendig wirkende Szenen aus der Wohn- und Arbeitswelt der letzten 100 Jahre entstehen. Die Inhaberin ist selber eine Herstellerin von Künstler-Puppen.

Donauwörth

Käthe-Kruse-Puppen-Museum der Stadt Donauwörth
Pflegstraße 21a, Postfach 14 53, 86604 Donauwörth,
Tel. 09 06/78 91 48 oder 78 91 45, Fax 09 06/78 92 22.
Geöffnet November bis März: Mittwoch, Samstag, Sonntag, Feiertage 14–17 Uhr. April bis Oktober: täglich außer Montag 14–17 Uhr.
Schwerpunkt: Käthe-Kruse-Puppen von Anfang bis heute, darunter auch die Teddys.

Goslar/Harz

Puppenmuseum, Inh. Geschwister Erdmann
Hoher Weg 5, 38640 Goslar, Tel. 0 53 21/2 69 45. Geöffnet täglich 11–17 Uhr.
Schwerpunkt: Puppenkultur 1835 bis 1935, dazu mehrere Teddys.
Besonderes: Wechselausstellungen; Verkauf von Puppenpostkarten.
Zu dem privaten Museumskomplex gehören noch ein Musikinstrumenten-Museum, eine Africana-Sammlung, alte Kirmeskunst und ein Spielkarten-Museum.

Hamburg

Museum für Hamburgische Geschichte
Holstenwall 24, 20355 Hamburg, Tel. 0 40/35 04 23 80, Fax 0 40/34 97 31 03. Geöffnet dienstags bis sonntags 10–18 Uhr.
Schwerpunkt in der Spielzeugabteilung: Altes Spielzeug aus Hamburger Familien, darunter ca. 150 Puppen seit 1815 sowie etwa 10 Teddys.
Besonderes: Wechselausstellungen; Weihnachtsbasar, Imbißrestaurant.

Bad Herrenalb

Spielzeugmuseum, Inh. Kyra Furtwengler
Klosterstraße 2, 76332 Bad Herrenalb, Tel. 0 70 83/41 44. Geöffnet dienstags bis sonntags 14.30–17.30 Uhr, Sonntag zusätzlich 10–12 Uhr.
Schwerpunkt: Puppen ab 1820; Puppenstuben und -läden, dazu 10 Teddys.
Besonderes: Katalog; Wechselausstellungen; Weihnachtsbasar.

Husum

Tabak- und Kindermuseum, Inh. Familie Schwermer
Wasserreihe 52, 25813 Husum, Tel. 0 48 46/3 25. Geöffnet täglich 10–18 Uhr.
Schwerpunkt: Einige 1000 Exponate mit Eisenbahnen, 30 Puppen und verschiedenen Teddys.
Besonderes: Die Kinder können viele Stücke anfassen und mit ihnen spielen; Verkauf von Puppenbüchern; Weihnachtsbasar.

Kevelaer

Niederrheinisches Museum für Volkskunde und Kulturgeschichte
Hauptstraße 18, 47623 Kevelaer Tel. 0 28 32/60 66-67, Fax 0 28 32/60 67. Geöffnet täglich 10–17 Uhr, im Winter montags geschlossen.
Schwerpunkt: In der Spielzeugabteilung Spielgut aus aller Welt, darunter 650 alte Puppen und einige Teddys.

Besonderes: Katalog; Wechselausstellungen; Film- und Diavorträge; Verkauf von Puppenpostkarten; Erfrischungsraum.

Lünen

Museum der Stadt Lünen
Schwansbeller Weg 32, 44532 Lünen,
Tel. 0 23 06/10 46 49. Geöffnet dienstags bis freitags 10–17 Uhr, samstags und sonntags 13–17 Uhr, von April bis September jeweils bis 18 Uhr.
Schwerpunkt: Wohnkultur ab 19. Jahrhundert; reichhaltige Spielzeugabteilung mit einigen Teddys.

Meldorf

Dithmarsches Landesmuseum
Bütjestraße 4, 25704 Meldorf, Tel. 0 48 32/72 52. Geöffnet März bis Oktober dienstags bis freitags 9–17.30 Uhr, samstags und sonntags 11–16 Uhr (15. 9.–5. 10. geschlossen); November bis Februar dienstags bis samstags 9–17.30 Uhr.
Schwerpunkt: Landesgeschichte sowie Großbauernkultur und Kleinstadtleben, darunter die alte Schule sowie Spielzeug und Teddys.
Besonderes: Das Museum befindet sich im ›Swinschen Pegel‹, dem ältesten und reichsten bäuerlichen Wohnraum der Region von 1568 sowie in der benachbarten ehemaligen Gelehrtenschule.

München

Münchner Puppenmuseum,
Sammlung v. Massenbach-Körle
Gondershauser Straße 37, 80939 München,
Tel. 0 89/3 22 89 50. Geöffnet montags und donnerstags 11–17 Uhr, sonntags 11–13 Uhr.
Schwerpunkt: Deutsche und französische Puppen ab 1780 (ca. 150), Puppenwagen usw. sowie mehrere Teddys.

Neef/Mosel

Ofenmuseum, Inh. Familie Bergen
Neugartenstraße 6, 56858 Neef, Tel. 0 65 42/2 21 54. Geöffnet samstags und sonntags 14–18 Uhr und nach Vereinbarung.
Schwerpunkt: Zahlreiche alte Öfen; dazu als besondere Abteilung 170 verschiedene Puppen und 35 Teddys.

Neustadt bei Coburg

Museum der Deutschen Spielwarenindustrie
Hindenburgplatz 1, 96465 Neustadt bei Coburg,
Tel. 0 95 68/56 00. Geöffnet dienstags bis sonntags 10–17 Uhr.
Schwerpunkt: Geschichte der Spielzeugindustrie mit Rekonstruktion verschiedener Werkstätten, darunter auch eine Bären- und Puppenstopferei. Historische Puppen seit 1780 sowie Teddys, darunter der Peter-Bär der Fa. Süssenguth, Neustadt (1924), u. a. Neustädter Hersteller.
Besonderes: Umfangreiche Trachtenpuppensammlung; Katalog; Wechselausstellungen und Sonderveranstaltungen.

Stube der Bären- und Puppenstopfer, wie sie noch in den 50er Jahren von Heimarbeitern benutzt wurde. Im Museum der Deutschen Spielzeugindustrie in Neustadt bei Coburg ist sie wieder hergerichtet.

Poster von 1988, das für die Puppen und wenigen Bären im Museum Lydia Bayer der Spielzeugstadt Nürnberg warb.

NÜRNBERG

Spielzeugmuseum der Stadt Nürnberg, Museum Lydia Bayer
Sigmundstraße 220, 90431 Nürnberg,
Tel. 09 11/2 31 32 60. Geöffnet dienstags bis sonntags 10–17 Uhr, mittwochs bis 21 Uhr.
Schwerpunkt: Spielzeug aus dem Nürnberger Raum, darunter auch Teddys.

OTZBERG-LANGFELD

Sammlung zur Volkskunde in Hessen im Alten Rathaus Lengfeld, Inh. Gerd J. Grein und Hubert Alles
Bismarckstraße 2, 64853 Otzberg-Lengfeld,
Tel. 0 61 62/7 11 14. Geöffnet jeden 1. Sonntag im Monat 14–17 Uhr.
Schwerpunkt: Hessisches Holzspielzeug; ca. 40 Trachtenpuppen; 50 historische Puppen (ab 1900), Spielzeug sowie 10 Teddys. *Besonderes:* Katalog; Sonderausstellungen.

ROTHENBURG OB DER TAUBER

Puppen & Spielzeug Museum, Sammlung Katharina Engels
Hofbronnengasse 11–15, 91541 Rothenburg ob der Tauber, Tel. 0 98 61/73 30, Fax 0 98 61/8 67 48. Geöffnet täglich, Januar und Februar 11–17 Uhr, März bis Dezember 9.30–18 Uhr.
Schwerpunkt: Rund 200 Jahre Spielzeuggeschichte aus allen Bereichen, rund 500 Puppen (seit 1780), dazu etwa 20 Teddys.
Besonderes: Das Museum ist in einem restaurierten Gebäude aus dem 15. Jahrhundert untergebracht und zählt zu den größten deutschen Spielzeugmuseen; Katalog; umfassende Museumsbibliothek; Wechselausstellungen; Weihnachtsbasar, Verkauf von Puppenbüchern, -postkarten, -postern, Holzspielzeug sowie Miniaturgeschirr aus Zinn und Porzellan für die Puppenstube.

SONNEBERG/THÜRINGEN

Deutsches Spielzeugmuseum
Beethovenstraße 10, 96515 Sonneberg, Tel. 0 36 75/28 56, Fax 0 36 75/4 28 17. Geöffnet täglich außer montags 9–12 und 13–17 Uhr.
Schwerpunkt: Spielzeug aus allen Epochen, chronologisch geordnet; große Puppenabteilung mit einigen Teddys; Schauräume zu den früheren Lebensbedingungen der Spielzeugmacher-Kinder.
Besonderes: Das Museum soll umstrukturiert werden; die ehemals in Sonneberg ansässigen Teddy-Hersteller wollen die Bestände auffüllen.

Trier

Spielzeugmuseum, Sammlung Rolf Scheurich
Nagelstraße 45, 54290 Trier, Tel. 06 51/7 58 50. Geöffnet täglich 11–17 Uhr. Montags geschlossen.
Schwerpunkt: Auf drei Etagen Blechspielzeug und Eisenbahnen, dazu Puppen, Puppenstuben, Kaufläden, Plüschtiere, Schaukelpferde sowie Teddys.

Bad Wimpfen

Wimpfener Puppenmuseum, Inh. Geka Wagner
Friedrich-Hilscher-Straße 9, 74206 Bad Wimpfen, Tel. 0 70 63/85 68. Geöffnet April bis Dezember mittwochs, samstags, sonntags 14–17 Uhr.

Drei Steiff-Bären, die in Bad Wimpfen seßhaft wurden.

Schwerpunkt: Puppen, Spielzeug, dazu mehrere Teddys. *Besonderes:* Exponate zeitgenössischer Puppenmacher, Weihnachtsbasar, Verkauf von Puppenpostkarten und -postern.

WUNSTORF

Spielzeug- und Kinderwelt-Museum

siehe Steinhude (Seite 243f.)

ÖSTERREICH

WIEN

Puppen- & Spielzeugmuseum, Inh. Dietmar Polzer & Vaclav Sladky

Schulhof 4, I. Stock, A-1010 Wien I,
Tel. (00 43) 1/5 35 68 60. Geöffnet dienstags bis sonntags 10–18 Uhr.
Schwerpunkt: Puppen und Spielzeug seit 1830, in einer Vitrine über 20 Teddys, darunter einige Raritäten.

SCHWEIZ

ZÜRICH

Zürcher Spielzeugmuseum Franz Karl Weber

Fortunagasse 15, CH-8001 Zürich,
Tel. (00 41) 1/2 11 93 05.
Schwerpunkt: Spielzeug jeder Art aus allen Epochen, zehn Teddys.
Besonderes: Wechselausstellungen.

BELGIEN

BRÜSSEL

Musée du Jouet/Speelgoed Museum

Rue de l'Association, B-1000 Bruxelles,
Tel. (00 32) 2/2 19 61 68. Geöffnet 10–18 Uhr.

Mit dem Kinderbuch-Klassiker ›Was drei kleine Bären im Walde erlebten‹ von Margarete Thiele präsentiert sich dieser Teddy im Zürcher Spielzeugmuseum.

Mechelen

Speelgoedmuseum
Nekkerspoel 21, B-2800 Mechelen,
Tel. (00 32) 15/20 03 86. Geöffnet dienstags bis sonntags 14–17 Uhr, Gruppen nach Voranmeldung auch zu anderen Zeiten.
Schwerpunkt: In 25 Abteilungen Spielzeug aus allen Bereichen, darunter auch Puppen und Teddys.
Besonderes: 4800 m^2 Ausstellungsfläche; Wechselausstellungen.

NIEDERLANDE

Den Helder

Helders Poppenmuseum,
Sammlung Tiny und Frans Riemersma
Binnenhaven 25, NL-1781 BK Den Helder, Tel. u.
Fax (00 31) 22 36/1 67 04. Geöffnet donnerstags bis samstags 14–17 Uhr und nach Vereinbarung.
Schwerpunkt: Etwa 220 Käthe-Kruse-Puppen von 1911 bis heute, dazu (als Dekoration) anderes Spielzeug, Plüschtiere und etwa 60 Teddys (vor allem Steiff).

OOSTERHOUT (N. BR.)

Speelgoedmuseum, Stichting Speelgoedmuseum Nellie un Wim Heemskerk
St. Vincentiusstraat 86, NL-4901 GL Oosterhout,
Tel. (00 31) 16 20/5 28 15. Geöffnet freitags bis sonntags 13–17 Uhr, Gruppen nach Voranmeldung auch zu anderen Zeiten.
Schwerpunkt: Spielzeug unterschiedlicher Art, zusammengetragen in 35 Sammeljahren, darunter auch Puppen und Teddys (ca. 20).
Besonderes: Abendveranstaltungen für Erwachsene mit der Laterna magica oder dem Puppenspiel.

ROTTERDAM

Toy-Toy-Museum, Inhaber Flos & Pieter Mars
Groene Wetenig 41, NL-Rotterdam,
Tel. (00 31) 10/4 52 59 41. Geöffnet sonntags bis donnerstags 11–16 Uhr (außer Juli und August).
Schwerpunkt: Puppen seit 1700, Puppenstuben, -läden, frühes Blech- und mechanisches Spielzeug sowie Teddys.
Besonderes: Katalog; Wechselausstellungen; Verkauf von Puppenbüchern und Wachspuppen; Cafeteria.

DÄNEMARK

EBELTOFT

Missers Dukkemuseum
DK-8400 Ebeltoft, Tel. (00 45) 86/34 12 40. Geöffnet 1. Mai bis 30. Juni sowie 1. September bis 31. Oktober täglich 10–16 Uhr zwischen 1. Juli und 31. August 10–17 Uhr.
Schwerpunkt: Interessante Puppensammlung, einige Teddys.

KOPENHAGEN

Legetømuseet
Valkendorfsgade 13, DK-1151 Kopenhagen K,
Tel. (00 45) 33/14 10 09. Geöffnet täglich 9–15 Uhr.
Schwerpunkt: Spielsachen aller Art, darunter verschiedene Teddys.

JAPAN

›Izu‹ Teddy Bear Museum

1064 2 Yahatano, Ito shi, Shizuoka ken, Japan 413-02; Tel. (00 81) 5 57/54-50 01 u. 5 57/54-51 15, Fax (00 81) 5 57/54-50 05 u. 5 57/54-51 15. Geöffnet täglich 9.30–17.00 Uhr, außer jeden zweiten Dienstag im Monat und dem zweiten Mittwoch im Juni.

Schwerpunkt: Über eintausend alte und neue Bären fanden im 1995 eröffneten ersten japanischen Teddybär-Museum 150 km südlich von Tokio eine neue Heimat.
Besonderes: Der Stolz des Museums ist der bisher teuerste Teddybär der Welt, ein Steiffbär von 1904, das ›Teddy Girl‹ aus der Sammlung des britischen Offiziers Bob Henderson. Ersteigert wurde die Teddy-Veteranin 1994 bei Christie's in London für knapp 270 000 DM von Yoshihiro Sekiguchi, Präsident des japanischen Plüschtierherstellers Sun Arrow Co. Ltd., der auch für sein Museum die vielen anderen Teddys zusammentrug.

›Nasu‹ Teddy Bear Museum

1185 4 Takukuhei, Nasu-machi, Nasu-gun, Tochigi-ken, Japan 325-03; Tel. (00 81) 2 87/76-17 11, Fax (00 81) 2 87/76-19 80. Geöffnet täglich 9.30–17.00 Uhr, außer jeden zweiten Dienstag im Monat und dem zweiten Mittwoch im Juni.

Besonderes: Das Nasu Teddy Bear Museum wurde ebenfalls von Yoshihiro Sekiguchi erbaut, etwa 200 km nördlich von Tokio am Rande des Nikko-Nationalparks, und 1997 eröffnet. Zu den Glanzstücken der rund tausend Bären zählen ›Edward‹, der weitestgereiste Teddy der Welt, und ›Piccolissimo‹, ein 12 mm winziges, voll bewegliches Bärchen der deutschen Teddykünstlerin Hanne Schramm. Besondere Aufmerksamkeit genießt eine bärige Familie im weihnachtlichen Wohnzimmer, eine Kreation der Japanerin Shimako Hoshino, die inzwischen zur Teddykünstler-Weltelite zählt.

Winzig, doch sehr berühmt – das nur 12 mm große Teddybärchen von Hanne Schramm, das zur Eröffnung des Nasu Teddy Bear Museums kreiert wurde.

Teddybär-Festivals

Giengen

Steiff-Festival, Giengen an der Brenz
Organisation und Information: GAF Günther Pfeiffer GmbH, Pferdsweide 15, 65232 Taunusstein, Tel. 0 61 28/97 09 27, Fax 0 61 28/7 27 70
Termin: jeweils im Mai
Mit Steiffbörse, Sonderauktion, Raritäten-Ausstellung, Festival-Sonderbär.

Hennef

Teddybär Total
Messe Hennef/Sieg, Organisation und Information: Cieslik & Schepp, Theodor-Heuss-Straße 185, 52428 Jülich, Tel. 0 24 61/5 12 22, Fax 0 24 61/5 27 72, oder Schneiderstraße 53, 44229 Dortmund, Tel. 02 31/73 47 50, Fax 02 31/7 02 72
Termin: Ende April
Mit internationaler Bärenmesse, Ausstellern aus aller Welt, antiken Bären, Künstlerbären, Ausstellung, Workshops, Wettbewerb mit Verleihung ›Goldener George‹.

Ladbergen

Bärenfest
Organisation und Information: Rüdiger Lübben, Postfach 12 01, 49547 Ladbergen, Tel. 0 54 85/34 00, Fax 0 54 85/27 63
Termin: Ende Mai bis Anfang Juni
Schnäppchenmarkt, Teddy-Bastelmaterial, Teddybär-Schätzstelle, Teilnahme namhafter Bärenmacherinnen.

Bad Tölz

Oberbayerisches Teddybär-Festival
Organisation und Information: I. A. Wolfermann, 91126 Schwabach, Tel. u. Fax 09 11/63 53 83
Termin: Anfang Oktober
Wettbewerb ›Bayrische Bärsönlichkeit‹, Börse, Schätzstelle, Teddy-Hospital und Sonderschau.

NEUSTADT

Neustädter Puppen- und Teddyfestival
Kulturamt Stadt Neustadt, Georg-Langbein-Straße 1, 96465 Neustadt b. Coburg
Organisation: Dagmar Kirchner-Burhaus, Tel. 0 95 68/8 68 05
Termin: 2. Maihälfte
Mit Kunstpreis-Verleihung, Flohmarkt, Industrieschau, Puppen- und Bärenbörse.

ÖSTERREICH

GMUNDEN AM TRAUNSEE

Internationales Puppen- und Bärenfestival
Organisation und Information: Toscana Congress Gmunden, A-4810 Gmunden, Tel. (00 43) 76 12/6 60 14-12, Fax (00 43) 76 12/6 68 43
Verleihung des Großen Preises von Österreich.

Sammeln rund um den Teddy: Noch mehr Themen als Haare auf dem Fell

Arctophilen geht es auch nicht besser als anderen, die von der Sammelleidenschaft gepackt werden. Es zieht sie magisch alles an, was den geliebten Gegenstand nur irgendwie betrifft oder begleitet. Und beim Teddybären ist das nicht gerade wenig. So ist er zeit seines Bestehens und ungebrochen bis heute ein beliebtes Motiv für Postkarten, bietet Themen für Karikaturen, wird in Bilderbüchern gefeiert und erscheint sogar – in der Gestalt eines echten Bären – im Wappen zahlreicher Kom-

Teddy als Telefon, zur Zeit jedoch nur in den USA erhältlich und für Sammler »unentbärlich«. Die Stimme des Gesprächspartners wird aus dem beweglichen Bärenmaul empfangen.

Teddybär als Kindertasche

munen. Diese wohl älteste Darstellung des Ursus – so sein lateinischer Name (Teddyfreundinnen dürfen daher stolz sein, wenn sie auf den Namen Ursula getauft wurden) – findet sich beispielsweise in den Symbolen für die beiden großen Städte Berlin oder Bern wieder. Und eine ganze Souvenir-Industrie ist ständig im Einsatz, bärensüchtige Andenkenjäger mit immer neuen Variationen des Wappentiers zufriedenzustellen. So besitzt der Berliner Bär in fremdenverkehrsgerechter Darstellung mit Schärpe und Krönchen längst einen festen Platz weltweit in vielen Sammlungen. Verewigt findet er sich auf Stickern, Anstecknadeln, Aschenbechern, Gläsern, Vasen und was es sonst noch alles an nützlichen Dingen für den Haushalt gibt.

Gerade bei diesen sich um den Teddy drehenden Attributen treibt die Phantasie die überraschendsten Blüten. Ob Seifen oder Kerzen, Dosen oder Schneekugeln, Tüten und T-Shirts, Pullis und Pantoffeln, Rucksäcke, Armbanduhren und Kaffeebecher, Geschenkpapiere, Vorhangstoffe und Christbaumschmuck, Ohrwärmer, Blechdosen und Poster – wer sich nicht selber Grenzen setzt, wird bald die Übersicht verlieren und in Bärigem ertrinken. So empfiehlt es sich, einen bestimmten Bereich herauszugreifen und beispielsweise nur alte Postkarten oder Fotos aus den 20er und 30er Jahren zu sammeln, von denen es köstliche, häufig leicht vom Kitsch angehauchte Darstellungen mit Meister Petz in der Hauptrolle gibt. Allerdings ist dieses Sujet schon arg abgegrast, weil es eine große Zahl an Mitbewerbern gibt, so daß alte Bildpostkarten selten und entsprechend teuer wurden.

Lediglich eine kleine Investition erfordern dagegen die neueren Karten mit so urigen Typen wie etwa den Janosch-Bären, die schon aus den Bilderbüchern des bekannten Zeichners und Märchenerzählers bekannt sind. Wer übrigens schon beim Kartensammeln ist, sollte gleich die entsprechenden Briefmarken mit dem Teddy als Motiv dazunehmen; da gibt es weltweit nicht sehr

Teddys als modische Accessoires.

Ob ein Poster mit alten Teddys oder Kindergeschirr mit Bären-Motiven – rund um das Lieblingstier läßt sich vieles finden und sammeln.

als Motiv dazunehmen; da gibt es weltweit nicht sehr viele.

Praktisch umsonst gibt es Anzeigen, Prospekte und andere Werbeutensilien, auf denen unser Kuschelfreund als Sympathieträger für Dosenmilch und Weichspüler, Bier und Banken, Blech und Seifenblasen sowie Bonbons, Betten und vieles mehr wirbt. Konzentrieren kann man sich auch auf alles Porzellanige, Puppen- und Kindergeschirr zum Beispiel oder die kühlen Schönheiten in Weiß von einer Porzellanmanufaktur.

Teddymantel von Moschino

Ein ebenso befriedigendes Gebiet im Randbereich der Teddy-Leidenschaft ist das Sammeln alter oder wieder neu aufgelegter Papierpetze, wie man sie auf Anzieh-Bilderbögen und Glanzbildern, Leporellos mit der Goldlöckchen-Geschichte in Geschenk- und ausgesuchten Papiershops findet. Solche Sammlungen lassen sich zwar nicht am Wert messen, vermitteln aber das befriedigende Gefühl, immer wieder fündig zu werden. Außerdem bieten sich durch den Kontakt zu anderen gleichgesinnten Sammlern viele Möglichkeiten zum Tausch – und zwar gleichermaßen von Objekten und Ideen.

Postkarten mit Shirley Temple und Teddybär sind gesuchte Sammelstücke.

Teddy als Filmstar

Daß auch die Traumfabrik auf Schmusebären nicht verzichten kann, läßt sich an vielen Beispielen aufzählen. Shirley Temple, der Kinderstar der 20er und 30er Jahre, ließ sich oft und gerne in Bärenbegleitung ablichten. In ›M – eine Stadt sucht einen Mörder‹, 1931 von Fritz Lang noch in Deutschland gedreht, betrachten ein kleines Mädchen und der Schauspieler Peter Lorre einen Teddy im Schaufenster.

In dem französischen Filmklassiker ›*Le jour se leve*‹ (Der Tag bricht an), 1939 von Marcel Carné gedreht, klammert sich Jean Gabin an einen Plüschkumpanen. Marika Röck, Zarah Leander besingen in Ufa-Streifen, Elvis Presley in Hollywood ihre Freunde, die inzwischen in allen großen Filmstudios anzutreffen sind. Walt Disney verpflichtet ihn als Baloo im ›Dschungelbuch‹ sogar als einen der Hauptakteure. Eine Starrolle fällt einem ›Delicatessen-Bear‹ genannten Vertreter seiner Zunft schließlich auch in der Fernsehserie ›*Wiedersehen in Brideshead*‹ zu, und die vielen Fans des pelzigen Filmstars können sicher sein, daß damit dessen Leinwand-Karriere noch längst nicht zu Ende ist.

Berühmte Bilderbuch-Bären: Bestseller rund um ein Thema

Im Prinzip bestehen bei Bären keine Klassenunterschiede, doch gibt es einige unter ihnen, die sich besonders hervortaten, jedoch zuviel Taktgefühl und Bescheidenheit besitzen, um sich dessen groß zu rühmen. Zu dieser Bärenprominenz gehören auch und vor allem die Bilderbuchakteure, die ganze Generationen von Kindern und Erwachsenen bis heute unterhalten und entzücken. Geboren wurden viele von ihnen in den Köpfen engagierter Väter, die für ihre Sprößlinge Gute-Nacht-Geschichten brauchten und diese – zwecks Wiederverwendung – aufschrieben. Auf diese Art entstanden *Winnie-the-Pooh*, erfunden von Alan Alexander Milne, dem englischen Journalisten, Essayisten und Mitherausgeber der Zeitschrift ›Punch‹. Den eigentlichen Anstoß zu den Bären-Geschichten hatte hier ein in der Harrods-Spielzeugabteilung für den Sohn Christopher Robin erworbener Plüschpetz gegeben.

Das erste Buch über Pooh erschien 1924, weitere folgten und sind heute, in 22 Sprachen übersetzt, mit die größten Teddy-Bestseller. Pooh hat sich – ähnlich wie andere Literatur-Bären – inzwischen verselbständigt, indem sich Teddymacher des gezeichneten Vorbildes von Ernest Shepard bemächtigten und Plüschkreationen für Kinder und Sammler schufen.

Ähnlich erging es auch *Paddington*, dem kleinen Bären aus dem dunkelsten Peru, der auf dem Londoner Bahnhof Paddington auf eine neue Familie wartete. Von ihm berichtete der Journalist Michael Bond seit 1958 in mehreren Kinderbuchbänden, und die Zeichnerin Peggy Fortnum ließ die inzwischen weltberühmte Gestalt des rührenden kleinen Bären entstehen.

Paddington wird heute vielfach vermarktet, zeigt sich auf Kinderbettwäsche und -schlafanzügen, auf Schulranzen und Schwimmreifen und läßt sich als superweiche Plüschkreation (Eden Toys/Schildkröt) nach Herzenslust knuddeln.

Sei es nun der amerikanische *Rupert* mit seinen tollen Streichen oder der gemütliche *Baloo,* die Disney-Figur

J. Sanders
Biehte klingl

Paddington aus dem dunkelsten Peru, ein Kinderbuch-Bär, der auch in die Plüschwelt Einzug hielt.

aus dem ›Dschungelbuch‹, die tolpatschig durch den Urwald jumpt; Sendaks ängstliche Bilderbuchbären oder die lebenslustigen urigen Typen von Janosch – sie alle wirken mit am Teddy-Mythos und schenken mit ihren unvergeßlichen Geschichten, in Büchern verpackt, der Sammlerwelt ein neues, lohnendes Geschäft. Um an eine solche Bärenbuchsammlung zu kommen, genügt ein Gang zur nächsten Buchhandlung. Schon schwieriger wird es dagegen, an die Anfang unseres Jahrhunderts erschienenen Geschichten und Abenteuer der Roosevelt-Bären zu kommen, aufgezeichnet von Seymour Eaton. Sie sind von Sammlern begehrt und die wenigen erhaltenen Exemplare in festen Händen. Beim Wühlen in Bücherkisten der Antiquariate oder auf Flohmärkten lassen sich noch manche Schätzchen aufstöbern.

Kunst-Objekt Teddy: Ein bäriges ›Frühstück im Grünen‹

»Er hat zwei Köpfe und zwei Leiber, stand seit den Eröffnungstagen im Kasseler Auepark und hatte ein Glück, das noch keiner je auf einer documenta gezeigten Plastik zuteil wurde, er wurde geliebt, beklettert und fast kahl gestreichelt« – in diesem Zitat aus einem Bericht der Zeitschrift ›art‹ anläßlich der 8. *documenta* 1987 ging es um einen Riesen-Teddy, um den ›Gott-Bär‹ des amerikanischen Performance-Künstlers Charlemagne Palestine. Er forderte die Kasseler Bürger auf, dem fünf Meter hohen Fetisch die Teddybären ihrer Kindheit als Geschenk darzubringen. Immerhin machte er mit seinem Kult um dieses vielgesichtige Knuddeltier soviel Furore, daß er damit – jedenfalls was die Publicity betraf – die anderen Künstler glatt ausstach.

Dicke Schlagzeilen machte das Berliner Wappentier anläßlich seiner 750-Jahr-Feier, als die Soziale Künstlerförderung und der Bundesverband Junger Unternehmer zu einem Ideenwettbewerb um dieses Symbol aufriefen. Zustande kamen unter anderem eine bärige Sitzgruppe des Bildhauers Arndt von Diepenbroich; »ein backenzahnähnliches Gebilde«, wie die Berliner Morgenpost

Zu den Bärenbuch-Klassikern gehört ›Pu der Bär‹ von A. Milne.

Bären-Portrait des Bayreuther Künstlers Wo Sarazen.

spottete. Er erhielt eine Prämie von 15 000 DM. Außerdem kamen 20 Kilogramm schwere ›Tablett-Bären‹ und weitere Sitz-Teddys zusammen. Die Bären-Aktion endete dann allerdings mit einem Eklat, als sich niemand für die Kosten verantwortlich fühlte und die Staatsanwaltschaft ein ›Überprüfungsverfahren‹ in Sachen Kunst-Teddys einleitete.

Über einen Entwurf für ein Kolossalmonument des Teddybären, das für den Central Park in New York gedacht war, kam der amerikanische Künstler Claes Oldenburg bisher nicht hinaus. Seine Idee fand jedoch auf Postkarten Verbreitung.

Während Waltraud Boltz in ihrem Auktionshaus in Bayreuth regelmäßig abgeliebte Knuddelbären unter den Hammer bringt, widmete sich ihr Partner, der Künstler Wo Sarazen, mit Pinsel und Palette dem allseits geliebten Plüschobjekt. Der Erlös für seine Bilder im Stil der ›jungen Wilden‹ kam der bedrohten Tierwelt zugute.

Das ›Selbstportrait‹ Vincent van Goghs, das ›Frühstück im Grünen‹ von Edouard Manet – für ihre mit Teddys bevölkerten Gemälde läßt sich die englische Künstlerin Sue Tociapski von großen Malern inspirieren. In der Addison-Ross Gallery in Belgravia hatte sie im Frühjahr 1990 ihre erste Ausstellung.

Folgende Doppelseite: Teddy als Kunstobjekt, wie er 1987 auf der documenta in Kassel zu sehen war.

Bären-Kur:
Alte Teddys reparieren,
reinigen und pflegen

Ein Arm baumelt wie eine leere Wurstpelle am Körper, der sich außerdem für einen Teddy seltsam magersüchtig anfühlt. Daß ihm vom Innenleben ein Teil abhanden gekommen sein muß, darauf läßt die große Naht am Bauch schließen. Dem Invaliden fehlt dazu ein Bein, und der Fuß des verbliebenen zweiten will auch nicht mehr so recht. Holzwolle quillt heraus. Insgesamt macht der Plüschkerl eine recht traurige Figur.

Viele ähnlich ramponierte Knuddelpetze hängen in ausgedienten Puppenwagen auf Flohmärkten herum und warten auf ein neues Zuhause. Andere überdauern auf Dachböden, und gar manche werden in letzter Minute aus Mülltonnen gerettet. Wie ihnen das Leben mitspielte, was die Zuneigung ihrer früheren Freunde anrichtete, läßt sich ihnen nur zu deutlich ansehen. Doch alle diese Plüschkameraden besitzen etwas, was kein neues, noch so perfekt gefertigtes Replikat bringen kann: den Charme des abgeliebten, alten Teddys. Mag er auch noch so beschädigt und noch so verdreckt sein, mit etwas Geduld und Geschick, vielleicht einer kleinen Investition, die sich bestimmt bezahlt macht, läßt sich fast jeder Veteran wieder hinkriegen – reparieren, reinigen und mit wenigen Requisiten wie einer schönen Schleife herausputzen. So viel Mühe ist ein alter Bär allemal wert – alleine schon für die Freude, die sein Anblick macht, von einer möglichen Wertsteigerung ganz zu schweigen.

Für die Generalüberholung ist eine Teddybären-Klinik der einzig richtige Ort, aber auch für kleinere Wehwehchen – die selbst eine geschickte Näherin eventuell überfordern. Die richtige Klinik findet sich durch Empfehlung eines erfahrenen Sammlers, vielleicht auch eines Spielzeugmuseums. Man sollte schon eine wirklich gute Bären-Ärztin aufsuchen, die Reputation besitzt, auch wenn ihr Honorar vielleicht etwas höher ausfällt. Ihre Kunst besteht nicht darin, aus einem alten Teddy einen neuen zu machen, sondern ihn sorgfältig und materialgerecht zu restaurieren, und dazu gehört Können. Ein alter Bär ist eine echte Antiquität und muß entsprechend behandelt werden. Gerade auf dem Gebiet der ›Puppen- und Bären-Medizin‹ gibt es eine Menge Dilettanten, die ihr Können überschätzen und Schaden anrichten, der oft nicht mehr gutzumachen ist. Gute Bären-Kliniken besitzen außerdem einen in langen Jahren erworbenen Fundus von alten Ersatzteilen, teils auf Flohmärkten, teils aus Restbeständen der Hersteller aufgekauft. Fehlt die Mohairfarbe, färben sie Ersatzstoffe selber auf den passenden Ton ein. Also – Bären reparieren ist Vertrauenssache, und Herumforschen nach der richtigen Klinik lohnt sich. Übrigens kostet eine Generalüberholung etwa 300 DM.

Wer einen Schaden trotzdem selber beheben möchte, sollte sich beim erstenmal lieber an einem nicht so alten, wertvollen Bären versuchen. Aber es gehört schon handwerkliche Begabung dazu, Gebrechen zu beheben wie etwa neue Augen einzusetzen oder Ohren anzunähen, oder eine teddygerechte Schnauze zu sticken. Bei den Pfoten mit durchgewetztem Filzbelag und beim Nachfüllen von Holzwolle wird die Sache schwieriger. Es gibt Geschäfte, die Teddy-Ersatzmaterial verkaufen und das Handwerkszeug, wie richtige Nadeln für die Reparatur. Hier oder im Buchhandel finden sich Broschüren mit Reparaturanleitungen. Bücher mit Schnitten und Tips zum Anfertigen neuer Teddys machen sich auch nützlich beim Ausbessern. Besonders zu empfehlen ist das von der Teddy-Macherin Gisela Hofmann herausgegebene Buch ›Bären selber machen‹, das mit vielen hilfreichen Anleitungen und vor allem erklärenden Zeichnungen versehen ist. Zu selbstgemachten Bären-Kreationen ist es jedoch ein weiter Schritt, und was der eigene Sprößling als Knuddeltier akzeptiert, genügt noch längst nicht den Erwartungen anspruchsvoller Sammler. Eine Bären-Künstlerin braucht außer großem handwerklichem Können Bärengefühl und -begabung, wie die Teddy-Macherinnen, die in diesem Buch vorgestellt sind. Zu Reichtum ist bisher übrigens keine von ihnen gekommen, denn der Preis, der für ein solches Unikat gezahlt wird, steht in keinem Verhältnis zum Zeit- und Materialaufwand. Um einen einzigen Bären anzufertigen, braucht es etwa 12 bis 15 Stunden, wobei die kleinsten Teddys die aufwendigsten sind, weil man ihnen mit der Nähmaschine nicht mehr beikommen kann und alles reine ›Pfotenarbeit‹ bleibt. Die aus einer solchen Werkstatt hervorgegangenen Bären sind nicht nur exklusiver, schöner und damit wertvoller, sondern oft auch preiswerter als viele häufig unverhältnismäßig teure Replikas.

Muß beim Reparieren fremde Hilfe in Anspruch genommen werden, läßt sich das Reinigen eines Bären schon eher zu Hause bewerkstelligen. Ein Teddy, der frisch vom Flohmarkt oder Dachboden kommt, muß allerdings erst einmal in Quarantäne. Denn wer weiß schon, was alles in und hinter seinem Pelz steckt? Die einfachste und wirksamste Methode, Ungeziefer loszuwerden: den Teddy in einen Plastikbeutel stecken, diesen verschließen und für mindestens eine Woche in die Tiefkühltruhe zu legen. Danach darf der Bär an die Luft, aber nicht in die Sonne, die eher schadet. Dann wird das Fell vorsichtig gebürstet und bei niedriger Wattzahl mit dem Staubsauger abgesaugt. Bären lieben es, gebürstet zu werden – aber mit Gefühl. Doch sauber werden sie damit meistens noch nicht. Da hilft nur die Wäsche. Bei neuen Bären ist sie einfach. Sie kommen, wenn eine entsprechende Waschanleitung angebracht ist, in die Waschmaschine. Alte Bären, die ja mit Holzwolle oder Kapok gefüllt sind, die vielleicht eine empfindliche Brummstimme besitzen, dürfen nur äußerlich vorsichtig gewaschen werden. Für ihr meist abgewetztes Fell eignet sich am besten ein gutes, flüssiges Wollwaschmittel, das auch für den besten und empfindlichsten Pullover gerade gut genug ist. Warmes Wasser ins Waschbecken oder in eine Schüssel einlaufen lassen, etwas Waschmittel zugeben und mit einem Schwamm reichlich Schaum erzeugen. Mit Schwamm und Schaum das Bärenfell vorsichtig abreiben, den Schaum einwirken lassen, Schwamm in frischem Wasser ausdrücken und das Fell damit bearbeiten. Prozedur nach Bedarf wiederholen. Dann mehrmals mit einem in klarem Wasser gut ausgedrückten Schwamm nachreiben. Den Teddy in einem Badetuch vorsichtig trocknen, mit dem Fön nachhelfen. Man kann den Bären auch im warmen Zimmer trocknen lassen. Den

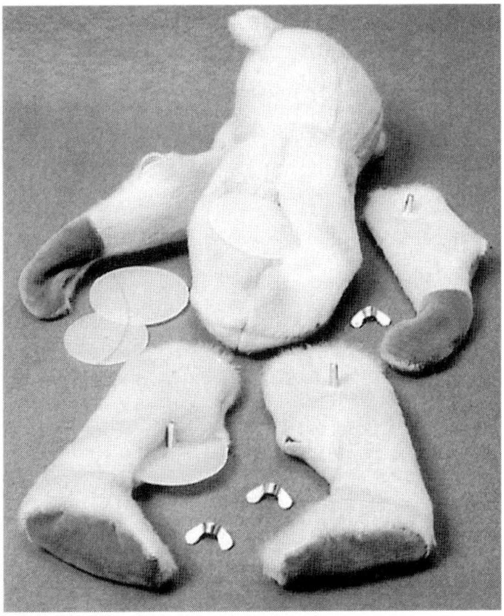

Über die Anatomie eines Teddys muß gut Bescheid wissen, wer einen kranken Bären heilen oder sich einen Teddy selber machen möchte.

Pelz anschließend schön aufbürsten, und siehe da, er ist wieder weich, glänzend, und Teddy duftet gut. Die Glasaugen werden mit einem Tröpfchen Glasklar und einem weichen Tuch wieder blank.

Wer seine Teddys dekorativ in der Wohnung herumsitzen läßt oder hinter Glas aufhebt, muß sie vor Motten und anderen Schädlingen schützen. Sie verstecken sich gerne hinter den Wuschelohren, unter den Armen oder an anderen kuscheligen Stellen. Die Teddys auf jeden Fall einmal wöchentlich abbürsten und inspizieren. Mottenpapier, in passende Streifen geschnitten, beugt außerdem vor. Auch kleine Seifenstücke, Gäste- oder Hotelseifen, zwischen die Teddys gelegt – so verriet eine Sammlerin – halten Ungeziefer fern.

Empfehlenswerte Teddybären-Kliniken

Teddybär-Klinik Elke Kraus
Ruffinistraße 13, 80637 München, Tel. 0 89/16 45 55

Puppen- und Bären-Klinik Trude Kellers
In der Aue 24, 41239 Mönchengladbach,
Tel. 0 21 66/3 81 80, Fax 0 21 66/3 85 83

Teddybären-Ersatzteile

Johanna Haida creativ
Cuno-Hoffmeister-Straße 5, 96515 Sonneberg,
Tel. 0 36 75/80 53 91, Fax 0 36 75/80 53 94

Heikes Teddy-Paradies, Heike Kudjer, Groß- und Einzelhandel
Grüntenstraße 12, 86453 Dasing, Tel. 0 82 05/67 04,
Fax 0 82 05/73 21; Teddy-Zubehör aller Art.

Reinhard Lesch GmbH
Postfach 11 25, 96472 Rödental, Tel. 0 95 63/7 22 10,
Fax 0 95 63/72 21 22; Glas- und Plastikaugen, Zubehörteile.

Simon Bärenmanufaktur, Groß- und Einzelhandel
Am Vogelherd 17, 91091 Grossenseebach,
Tel. 09 31/72 98 50, Fax 09 31/72 98 51; alles für den Bärenmacher.

Pro Beer, Lieferant in Deutschland, Belgien und Holland
Witthuislanden 87, NL-7542 NJ Enschede,
Tel. (00 31) 53/4 76 26 44, Fax (00 31) 53/4 76 44 80;
Bärenmaterialien in großer Auswahl.

Dank

an alle Bärenfreundinnen und -freunde, die bei den Recherchen für dieses Buch behilflich waren; die uns ihre Bärenfotos überließen oder sogar ihre Lieblingsteddys zum Fotografieren.

Dank insbesondere an:
Waltraud Boltz, Maria Gurlitt, Dr. Volker Kutschera, stellvertretend für das Salzburger Spielzeugmuseum und die Sammlung Folk, Udo Leidner, stellvertretend für das Museum der Deutschen Spielzeugindustrie, Reiner Marosch, Christa Schmedes, Ivan Steiger, Pia Utiger, Brigitte Zöllner.

»Bernadette« von Hanne Schramm

Anhang

Bibliographie

Axe, John: The Magic of Merrythought, A Collector's Encyklopedia; Cumberland 1986

Bären & Kuschelpuppen leichtgemacht, Sonderheft Creative Freizeit, Glorex GmbH; Rheinfelden/Baden

Bialosky, Peggy und Alan: Teddybären sammeln, Ein Katalog und Preisführer; München 1985

Bialosky, Peggy und Tynes, Robert: Teddybären selbermachen; München 1988

Bull, Peter: The Teddy Bear Book; Winscombe 1983

Cieslik, Jürgen und Marianne: Knopf im Ohr, Die Geschichte des Teddybären und seiner Freunde; Jülich 1989

Coppin, Giorgio: Der Bär – Geschichte, Symbolik, Legende; Grünwald 1989

Gottschalk, Elke: Geliebte Steiff-Tiere, Teddybären, Stofftiere, Puppen; München 1988

Hebbs, Pam: Geliebte Teddybären; München 1988

Hofmann, Gisela: Bären selber machen; Emmerich

Koskinen, Edith und Johan: Steiff-Preisführer, Teddybären, Tiere, Puppen; Jülich 1989

Mandel, Margaret Fox: Teddy Bears & Steiff Animals; Paducah 1987

Michaud, Terry & Doris: How to make & sell Quality Teddy Bears; Cumberland 1986

Mendelssohn, Traute von: Puppen & Spielzeug Museumsführer, München 1989

Nadolny, Harald und Thalheim, Ivonne: Heißgeliebte Teddybären, Selbermachen, Sammeln, Restaurieren; Niederhausen 1987

Picot, Geneviève und Gérard: Teddy, Ein Bär erobert die Welt; München 1988

Pistorius, Christel und Rolf: Die schönsten Teddys und Tiere von Steiff; Weingarten 1990

Schepp, Manfred: Teddybär Adressen 1997; Jülich 1996

Sieverling, H. & A. Chr.: Teddy Bear & Friends Price Guide; Cumberland 1988

Teddy's Bearzaar, be unbearably beautiful, Running Press Book Publishers, Worldwide Media Services; New York 1988

Volpp, R. & P., Harrison, D. Ayers, D: Teddy Bears Artist's Annual, Who's Who in Bear Making; Cumberland 1989

Anmerkung: Englischsprachige Bärenliteratur wie alle anderen Bücher erhältlich über den Buchhandel oder die Versandbuchhandlung Werner Schroeder's Sammler Bücher, Postfach 44 47, 26034 Oldenburg, Tel. 04 41/ 8 50 56.

Bildnachweis

Salzburger Spielzeugmuseum, Sammlung Folk, Dr. Volker Kutschera: 5, 139, 244, 276/277
Spielzeugmuseum im Alten Rathausturm, Sammlung Ivan Steiger: 15, 111, 222/223, 232/233, 239, 240
National Teddy Bear Museum, Stratford-upon-Avon: 22, 246, 268
Spielzeug- und Kinderwelt-Museum Steinhude: 60/61, 243
Museum der Deutschen Spielzeugindustrie Neustadt/Coburg: 123, 252
Teddy-Museum Berlin, Sammlung Florentine C. Wagner: 182/183, 236
Spielzeugmuseum ›Lorely‹: 241
Sammlung Hannelore Ernst: 242
Spielzeugmuseum der Stadt Nürnberg, Museum Lydia Bayer: 253
Wimpfener Puppen-Museum: 255

Christel Rosenfeld: 8/9, 11
Birgit Demschik: 14
Baumeister: 20/21
Türkkan: 28, 49, 73, 126, 134, 257
Heike Gumpp: 63, 83, 154/155
Beate Bera: 70
Birgit Diedrich-Drobny: 77
Anja Fohmann: 78
Susanne Grosser: 81, 82
Johanna Haida: 84, 85
Gisela Hofmann: 100, 101
Konstanze Holm: 102, 153, 262/263
Doris Minuth: 109
Hanne Schramm: 110, 259, 283
Pia Utiger: 135
Martina Bergbauer: 141, 145, 151
Heidi Leyer: 196

Margarete Steiff GmbH: 10, 23, 24, 27, 36 u., 41, 52/53, 58, 114, 115, 117, 118, 163, 165, 166, 167, 169, 178
Hermann Spielwaren GmbH: 12/13, 32, 33, 34, 36 o., 38/39, 43, 94, 95, 96, 98, 107, 174, 175, 220, 231, 266 o.
Gebr. Hermann KG: 45, 87, 88, 89, 170, 173
Clemens Spielwaren GmbH: 46, 57, 75
Baumannn & Kienel KG: 50/51, 66, 67

sigikid: 55, 112, 113
Althans KG: 65
Grisly Spielwaren GmbH: 80
Heunec: 99
Käthe Kruse: 105
Steiner GmbH: 121
Gebr. Süssenguth: 123
Asquiths: 124, 125
Canterbury/Blackburn: 126 o.
House of Nisbet: 130, 131, 152
Merrythought: 133
Mutzli: 136, 137
Berg, Tiere mit Herz: 138, 139
Dakin & Co.: 143
North American Bear & Co.: 146, 147, 149
Schildkröt/Schmidt Spiel + Freizeit GmbH: 271

›Eltern‹, Gruner & Jahr: 17
Auktionshaus Waltraud Boltz/Fotostudio Preiss: 31, 69, 157, 158, 185, 199, 211, 272
amw: 104, 265
AP: 209
Der Bund, Bern: 227
trimedia: 266 u.
Cäcilie Dressler Verlag: 270
IDK, Verlag Niesje Wolters-van Bemmel: 281
dpa: 274/275

Sach- und Personenregister

Die kursiv gesetzten Ziffern verweisen auf Abbildungen im Text